JASON
PROJECT

DIE SUCHE NACH DEM WRACK DER ISIS

(Vorherige Seite) Römische Wandmalerei mit Sklaven, die Getreide auf ein Boot tragen.

(Rechts) Robert Ballard und seine Mannschaft bei der Arbeit an ihrem Unterwasser-Roboter JASON.

ISBN 3-7886-0595-2

Illustrationen von Wesley Lowe und Ken Marschall

Archäologische und historische Beratung von Anna Marguerite McCann

Deutsch von Helmut Mennicken

DIE SUCHE NACH DEM WRACK DER ISIS

von Robert D. Ballard
und Rick Archbold
Illustrationen von Wesley Lowe und Ken Marschall
Archäologische und historische Beratung
von Anna Marguerite McCann

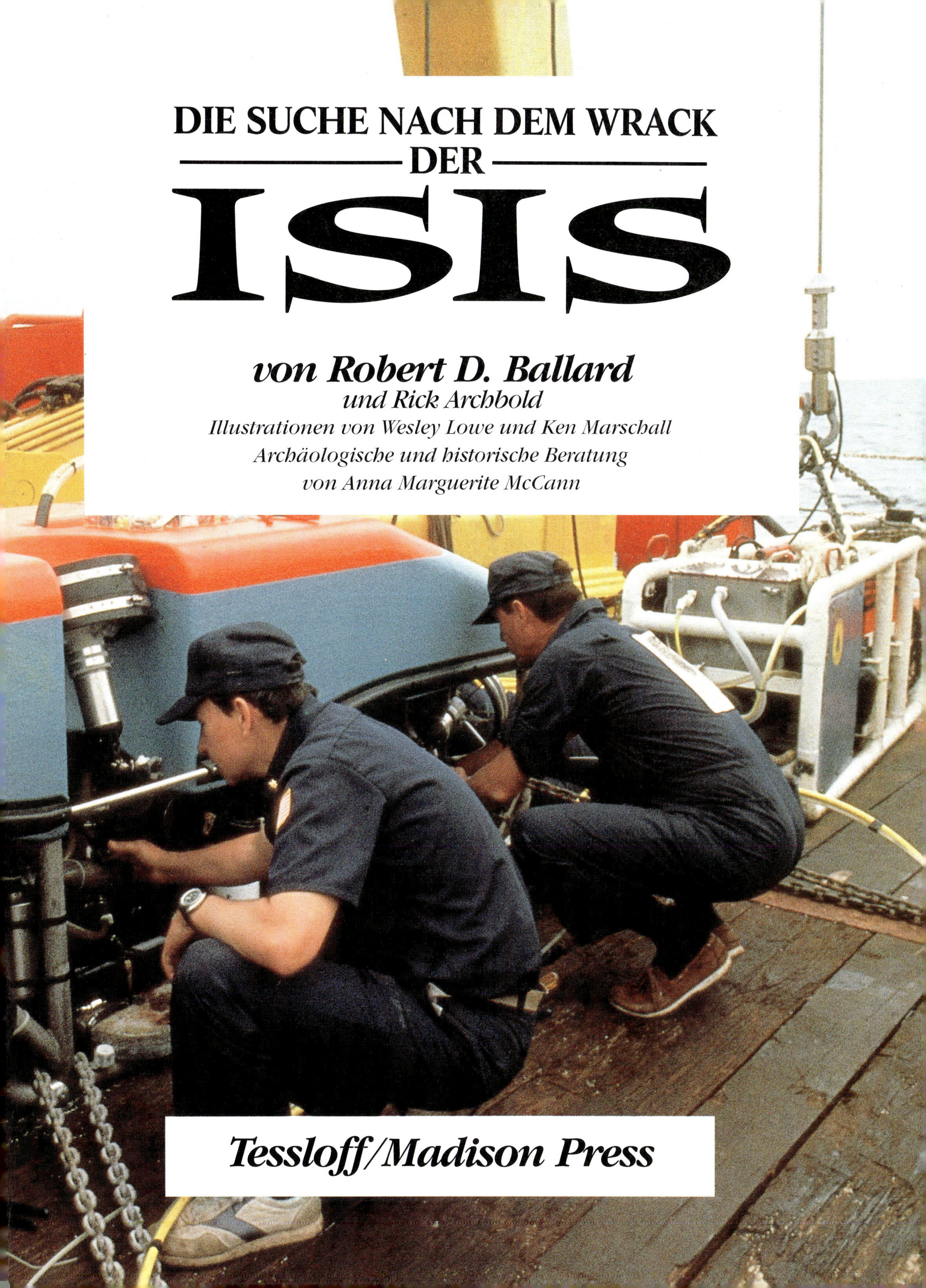

Tessloff/Madison Press

Für meinen ältesten Sohn Todd Alan Ballard, der mit mir zusammen das römische Handelsschiff ISIS und das deutsche Schlachtschiff Bismarck entdeckte und einen Monat später auf so tragische Weise starb. Er war der beste Pilot der Argo, den ich je hatte, und ich werde ihn bei den nächsten Entdeckungsreisen schmerzlich vermissen. Und für seine fürsorgliche Mutter Marjorie und seinen stolzen Bruder Douglas, die ihn so sehr liebten und genauso sehr vermissen werden wie ich.

INHALT

Vor zweitausend Jahren herrschte das mächtige Römische Reich über das ganze Mittelmeer. Hunderte von Schiffen stachen regelmäßig von der römischen Hafenstadt Ostia aus zu fernen Städten in See. Viele Schiffe kamen sicher an, und ihre handeltreibenden Besitzer wurden immer reicher. Doch manches Mal wurde ein Schiff in einem plötzlich aufkommenden Sturm von riesigen Wellen zerstört. Die Besatzung wurde über Bord gespült und ertrank jämmerlich in den kalten Fluten. Das Wrack brach auseinander und wurde zusammen mit der Fracht über den Meeresboden verstreut.

14
14
33

Robert Ballard und seine Mannschaft wurden mucksmäuschenstill, als ihr hochentwickelter Unterwasser-Roboter JASON sich dem antiken Schiffswrack näherte. Über einen Joystick an Deck wurde JASON ferngesteuert, so daß er sich tief unten ein wenig drehte und den Meeresboden ausleuchtete. Dort, in der Dunkelheit, tauchten die Überreste eines antiken römischen Schiffes auf, das mehr als sechzehn Jahrhunderte lang niemand erblickt hatte. Schafften Sie es, mit JASONS Greifarm einige der antiken Gegenstände an die Oberfläche zu holen, ohne sie zu beschädigen? Wenn ja, wäre das Projekt JASON ein riesiger Fortschritt bei der Erkundung der dunklen, unbekannten Welt in den Tiefen des Meeres.

Das Jahr der Entdeckung · 1988

„Bob, Bob, aufwachen!" Es war stockfinster, und irgend jemand hämmerte an die Tür meiner Kajüte.

„Was ist los?" antwortete ich verschlafen.

„Der **Stromboli**", kam die Antwort gedämpft zurück. „Der Käpt'n sagte, du wolltest den Stromboli sehen."

„Ach ja, danke, ja, ich komm schon", murmelte ich, obwohl ich die Nachricht nur halb begriffen hatte.

Dann erinnerte ich mich. Ich hatte darum gebeten, geweckt zu werden, wenn wir an der Vulkaninsel Stromboli vorbeifuhren. Als Leuchtturm des Mittelmeers bekannt, hatten die glühenden Ausbrüche des Stromboli den Matrosen über die Jahrhunderte hinweg als Orientierung im Mittelmeer gedient.

Ich drehte mich in meiner engen Koje um und tastete nach meiner Uhr. Ihre fluoreszierenden Zeiger standen auf zwei Uhr morgens. Ich kämpfte mit mir, ob ich aufstehen sollte. Ich war hundemüde. Die langen Stunden auf See und unsere erfolglose Suche unter Wasser hatten ihren Tribut gefordert. Doch ich wußte, daß dies möglicherweise meine einzige Chance sein könnte, den Stromboli bei Nacht zu betrachten.

Ich machte das Kajütenlicht an, stieg in irgendwelche Jeans, streifte mir ein Hemd über, schlüpfte barfuß in meine Schuhe und machte mich auf den Weg an Deck. Die Luft war warm, kein Windhauch und kein Geräusch machte sich bemerkbar — es war eine schöne Juninacht im Mittelmeer. Das Meer lag so glatt wie ein schwarzer Spiegel, der nur die Lichter unseres Schiffes widerspiegelte. Und dort, voraus am Horizont, lag der Stromboli, ein riesiger dunkler Kegel, der still aus dem Meer emporragte. Über der linken Schulter des Vulkans hing ein leuchtender Vollmond. Er kam mir so nah vor, daß ich glaubte, die Spuren des Astronautenfahrzeugs auf seiner staubigen Oberfläche erkennen zu können.

Unser Forschungsschiff *Starella* im Juni 1988 im Mittelmeer.

Es wäre wohl zuviel verlangt, so dachte ich bei mir, wenn ich mir wünschen würde, der Leuchtturmwärter möge aufstehen und die Lichter anzünden. Als hätte er meine Gedanken gelesen, begann der Vulkan plötzlich auszubrechen; ein Rinnsal rotglühender **Lava*** tauchte an der schwarzen Spitze seines Kegels auf. Die Eruption war längst nicht so gewaltig wie der berühmte Ausbruch des Vesuvs am 24. 8. 79 n. Chr., bei dem die antike Stadt Pompeji völlig verschüttet wurde. Der Stromboli sprudelte nur über, er verhielt sich — so sagen die **Vulkanologen** — wie ein „Springbrunnen".

Schon bald versammelten sich mein Sohn Todd, Betsey Robinson und andere Mitglieder der JASON-Mannschaft an Deck. Todd besuchte die High School im letzten Jahr, und Betsey studierte bereits im dritten Jahr an der Harvard-Universität **Archäologie**. Beide hatten einen Ferienjob in unserer Mannschaft gefunden. Auch das Aufnahmeteam des National Geographic Television erschien an Deck und begann aufzubauen, um die Szene auf Video aufzunehmen. Alle anderen an Deck waren ruhig und starrten auf den Vulkan. Man hatte den Eindruck, als wäre man bei der Geburt unseres Planeten anwesend. Es hatte nichts Menschliches an sich, da gab es nur diese mächtige Demonstration der Kräfte im Innern der Erde. Während der Dauer des Ausbruchs hatte unser Schiff, die *Starella,* sich ihm genähert, als wäre sie von einem Magneten über die spiegelglatte See angezogen worden. Wir näherten uns der Insel bis auf etwa zwei Kilometer und ließen sie an **steuerbord** liegen, da wir in Richtung Süden durch die Straße von

* Die fettgedruckten Wörter werden im Anhang erläutert.

(oben) Großaufnahme des Stromboli in Aktion

(kleines Foto) Während ich vom Deck der *Starella* aus auf den Stromboli blicke, grüble ich über die mannigfaltigen Probleme nach, die wir bei unserer Suche nach einem antiken Wrack zu bewältigen haben.

Messina fahren wollten, jenen engen Kanal, der Sizilien und die Spitze des italienischen Stiefels trennt.

Am nächsten Morgen wollte unsere Entdeckermannschaft, im Rahmen der ersten Etappe unseres Projektes JASON, die Suche nach einem antiken Schiffswrack wiederaufnehmen. Seit zwei Wochen suchten wir bereits danach, und unser Ziel erschien uns ähnlich weit entfernt wie dem antiken Jason im Alten Griechenland bei seiner Suche nach dem Goldenen Vlies. Bei unserem modernen, mit Kameras bestückten JASON handelte es sich um einen hochentwickelten, dem heutigen Stand der Technik entsprechenden Unterwasser-Roboter, mit dem wir per Fernsteuerung den Meeresboden erkunden konnten, ohne daß wir die gefährlichen und unergiebigen bemannten Tauchboote einsetzen mußten. Doch zur Zeit wurde noch an JASON gebaut; in diesem Jahr machten wir uns mit **Argo** auf die Suche, dessen Videokameras schon das Wrack der *Titanic** aufgespürt hatten.

* Siehe vom selben Autor den Band *Die Suche nach der Titanic* im selben Verlag.

Jason und das Goldene Vlies

Unser Unterwasserroboter und unsere Mittelmeerexpedition wurden auf den Namen des legendären antiken Erforschers Jason getauft. Sein Onkel versprach ihm, er wolle Jason zum König machen, wenn er ihm zuvor das Goldene Vlies hole, das einst einem prächtigen goldenen Widder gehörte. Ohne zu zögern, machte Jason sich mit einem Schiff, der *Argo,* und den berühmtesten Helden Griechenlands, den Argonauten, auf die Suche. Tod und Tragik waren ihre Reisebegleiter. Durch den Einfluß der Götter und Göttinnen verliebte sich die Prinzessin Medea in Jason und half ihm mit ihren magischen Kräften. Die griechische Vase zeigt die Göttin Athena, die Jason während seiner Suche beschützt.

Die Kontinente auf der Erde vor 300 Millionen Jahren.

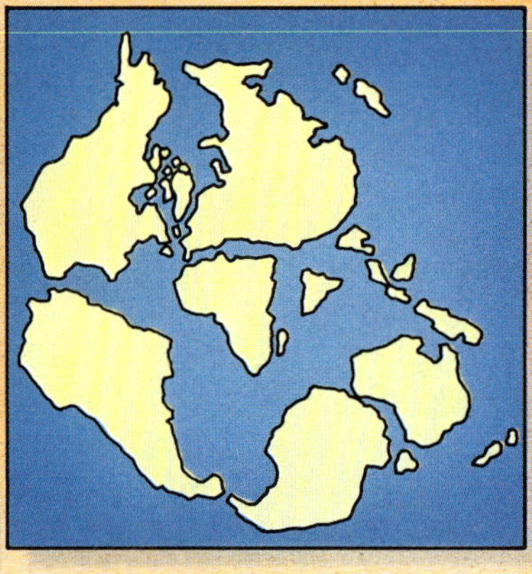

Vor 50 Millionen Jahren sind die Kontinente weiter auseinandergedriftet.

Vulkane im Mittelmeerraum

Die vulkanische Aktivität im Mittelmeer ist das Ergebnis eines Zusammenstoßes zwischen zwei Teilen der Erdkruste, die Platten heißen. Die Theorie, die die Bewegung dieser Erdkrusten beschreibt, nennt man **Plattentektonik.** Wenn sich diese Platten aufeinander zu bewegen, wird die schwerere Platte unter den Rand der leichteren gedrückt, wobei ein Teil schmilzt und sich in Magma oder flüssiges Gestein verwandelt. Dieses Magma wird bei einem Ausbruch als Lava aus dem Schlot des Vulkans emporgeschleudert.

Heutzutage wissen wir, daß sich die Kontinente und Ozeane in ständiger Bewegung befinden und sich die ganze Erdkruste aus etwa 100 Kilometer dicken Platten zusammensetzt. Vor hundert Millionen Jahren bestand die Landmasse der Erde noch aus einem einzigen riesigen Kontinent, der in Teile auseinanderbrach, die dann auseinanderdrifteten. Wenn man sich eine Weltkarte ansieht, kann man sich unschwer ausmalen,

Im nächsten Frühjahr, während der zweiten Etappe des Projektes JASON, wollten wir mit dem JASON-Roboter an den Fundort des Schiffswracks zurückkehren. Zwei Wochen lang sollte dann, direkt vom Meeresboden aus, für Hunderttausende Schüler in Museen, über ganz Nordamerika verteilt, via Fernsehen berichtet werden. Die Zuschauer in Übersee sollten live miterleben, wie wir das Schiffswrack erkundeten und dabei erprobten, in welcher Weise Roboter die Archäologen bei ihrer Arbeit unterstützen können. Wir hatten auch vor, faszinierende **Geologie** unter Wasser zu betreiben. Wir waren zwar bereits auf einen tätigen Unterwasservulkan gestoßen, den **Marsili-Seamount**, doch befanden wir uns immer noch auf der Suche nach dem für uns so wichtigen versunkenen Schiff.

Ein Schiff im Mittelmeer ausfindig zu machen, war mir seinerzeit an meinem Büroschreibtisch in der Woods Hole Oceanographic Institution in Cape Cod (Massachusetts, USA) wie ein Kinderspiel vorgekommen. Auf meiner riesigen Wandkarte der Weltmeere sah das Mittelmeer wie ein kleinerer See aus. Schon in antiker Zeit wurde es von unzähligen Schiffen befahren, die von Phönizien, Ägypten, Griechenland, Karthago und Rom aus in See stachen. Schiffbruch war nichts Ungewöhnliches – die Schiffe waren auf Gedeih und Verderb dem Wind ausgesetzt –, und viele Schiffe sanken so tief, daß sie sich außerhalb der Reichweite von Tiefseetauchern, aber noch innerhalb der von *Argo* befanden. Und was noch wichtiger ist: In der eisigen Tiefsee, in die kein Sonnenlicht vordringt und in der sich das **Sediment** langsam anhäuft, liegen die vor langer Zeit versunkenen Gegenstände, von der Zeit unberührt. Theoretisch wenigstens. Tatsächlich hatten wir bis dahin nur sechs einsame **Amphoren** gesehen, jene

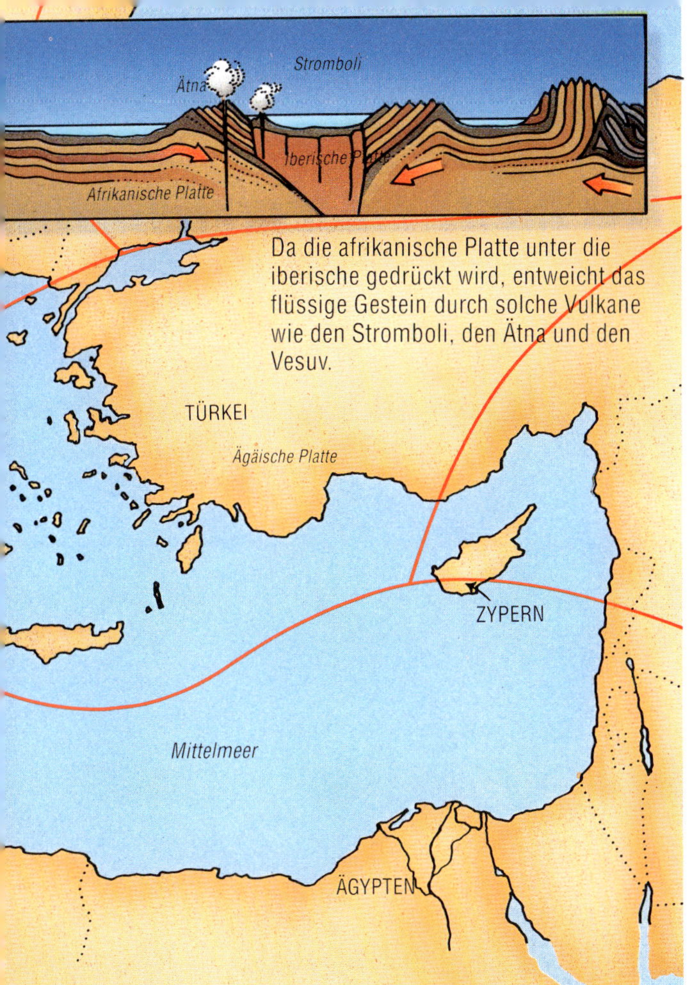

Da die afrikanische Platte unter die iberische gedrückt wird, entweicht das flüssige Gestein durch solche Vulkane wie den Stromboli, den Ätna und den Vesuv.

daß die Kontinente wie die Teile eines Puzzles zusammenpassen. Diese Teile driften noch immer auseinander.
Das Mittelmeerbecken ist ein komplexes Gebiet mit Platten, die nicht nur zusammenstoßen, sondern sich auch aneinander reiben, so wie das beim kalifornischen Sankt-Andreas-Graben der Fall ist. Die sich aufbauende Spannung kann sich in einem gewaltigen Erdbeben entladen, das erhebliche Verwüstungen anrichtet.
Das schwach blau eingefärbte Quadrat auf der Karte zeigt das Erkundungsgebiet des Projektes JASON.

Vom riesigen A-Rahmen am Schiffsheck aus lassen wir Suchfahrzeug und Kameraschlitten *Argo* zu Wasser.

bauchigen Tongefäße, in denen die Römer solche Waren wie Wein, Öl, getrockneten Fisch und **garum** beförderten. Dies war am 3. Juni gewesen, am zweiten Tag unserer Suche, nahe an der Westspitze Siziliens. In den vergangenen Tagen hatten wir uns an der Nordküste Siziliens langsam nach Osten vorwärts gearbeitet, indem wir einem Schiffsweg folgten, den unzählige antike Seeleute benutzt hatten. Doch am Meeresboden erblickten wir lediglich die Spuren, die die **Schleppnetzfischer** im Schlick hinterlassen hatten. Der Meeresboden im Mittelmeer sah wie saubergefegt aus.

Während die übrigen JASON-Mannschaftsmitglieder in ihre Kojen zurückkehrten, sah ich noch immer dem Stromboli nach, der in der Ferne verschwand. Obwohl mir klar war, daß ich auch hätte schlafen gehen sollen, starrte ich noch weiter auf das mondbeschienene Meer hinaus. Das Mittelmeer kam mir plötzlich riesig vor, eher wie ein großer Ozean, und längst nicht mehr wie ein kleinerer See.

Am Tag darauf ließen wir *Argo* in der Nähe der Straße von Messina zu Wasser. Wir wußten, daß in antiken Zeiten Tausende Schiffe diesen Weg von und nach Rom und Neapel gesegelt waren. Heute wollten wir dieser Handelsroute nach Norden in Richtung Neapel folgen. Bestimmt, so redete ich mir zu, würden wir Spuren und Hinweise auf Schiffswracks ausmachen.

Als wir die Straße von Messina langsam nordwärts durchquerten, zeigten uns die Videobildschirme im Kontrollraum weiterhin nichts anderes als Bodenschlick mit den Spuren, die von den Schleppnetzfischern stammten. Als die Mittag-bis-vier-Wachmannschaft in den Kontrollraum hereinmarschiert kam, begann ich, mir ernsthaft Sorgen zu machen. Todd nahm seinen Platz am Joystick für die *Argo*-Steuerung ein, und Betsey, die auch Wache hatte, setzte sich auf ihren Platz am Datenlogbuch. Kurz darauf waren wir wieder in Sichtweite des Stromboli.

„He, was ist das denn?“ Todd zeigte auf den Bildschirm.

„Wow“, entfuhr es Betsey, als wir alle auf das plötzlich veränderte Schwarzweiß-Fernsehbild blickten.

Argos Kameras zeigten uns etwas, das wie ein riesiger Riß im Meeresboden zu sein schien. Es war bestimmt kein Schiffswrack, doch es war eine willkommene Abwechslung in der Szenerie — und etwas Geheimnisvolles. Der Meeresboden an dieser Stelle war weich. Was konnte diesen Riß verursacht haben?

(**rechts**) An Deck halten wir uns über *Argos* Position am Meeresboden mit Hilfe der Sonarsignale auf dem laufenden, die er zu den Antwortsendern schickt. Die Antwortsender schicken diese Signale dann an den Sonarempfänger an Deck weiter.

(**unten**) Mein Sohn Todd und ich bereiten *Argo* zur Wasserung am Hecküberhang der *Starella* vor.

(**unten rechts**) *Argo* taucht ins Wasser ein.

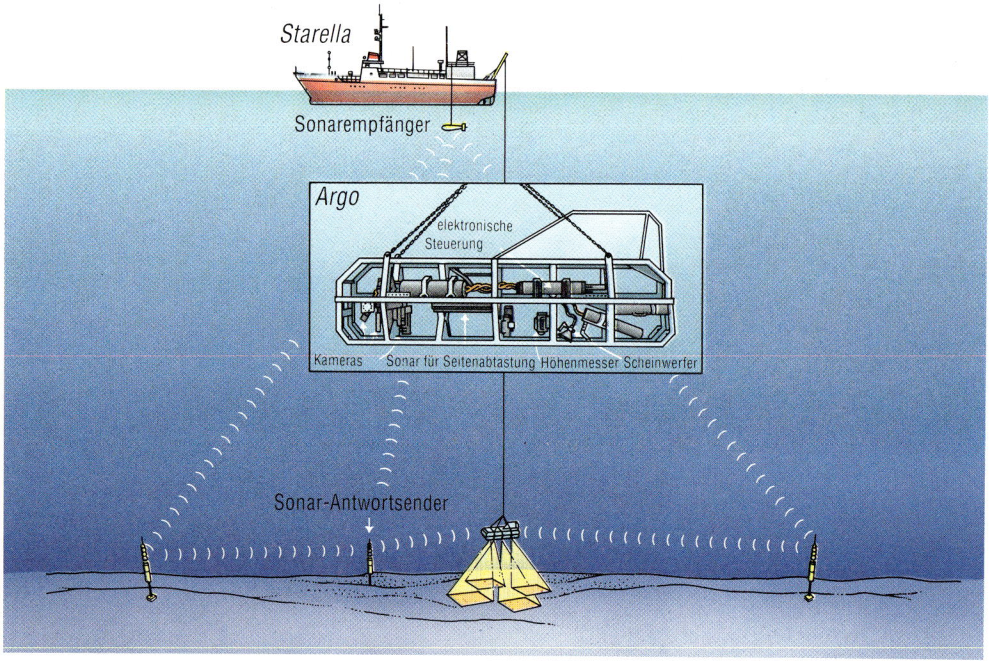

Dann erinnerte ich mich an meine Reise nach Island, wo ich ähnliche Risse in der Umgebung tätiger Vulkane gesehen hatte. „Es ist der Stromboli. Der Vulkan atmet", erklärte ich Todd und Betsey. Und so merkwürdig es auch klingen mag, dies ist eine gute Beschreibung dessen, was vor sich geht. Tief im Innern eines jeden Vulkans gibt es einen großen Raum, der Magmakammer heißt. Vor einem Ausbruch füllt sich diese Kammer nach und nach mit flüssigem, heißem Gestein oder **Magma.** Diese Kammer wird immer größer und dehnt auch die Umgebung kilometerweit um sich herum aus. In diesem Fall handelte es sich bei dem Gebiet um einen schlammigen Meeresboden. Es ist so, als nähme man einen halb aufgeblasenen Luftballon, den man mit einer Schicht Schlamm bedeckte. Hält man diesen Ballon nun in die Nähe einer Heizung oder einer anderen Wärmequelle, so dehnt sich die Luft im Ballon aus, und überall in der Schicht tauchen Risse auf. Wäre es möglich, vom Stromboli und seiner Umgebung eine Luftaufnahme zu machen, so würde man ein Netz aus solchen Rissen um den Vulkan herum erkennen.

Bald darauf hatten wir die Dehnungszeichen des Stromboli hinter uns gelassen und kehrten zu der geisttötenden Ansicht von glattem, nichtssagendem Schlamm zurück, der nur hin und wieder von einer Krabbe oder einem Tiefseefisch aufgelockert wurde.

Wir waren inzwischen vor Neapel, einem der geschäftigsten Häfen zur Zeit des Römischen Reichs. Mehr als einen Tag hatten wir damit zugebracht, die Handelsroute zwischen Messina und Neapel abzugrasen, ohne irgendein Zeichen eines antiken Schiffes gesichtet zu haben. Wir hatten überall dort nachgesehen,

In unseren Alltagstrott an Bord kommt etwas Abwechslung, als Betsey Robinson und Julie Loesch mich zu einer Wasserschlacht herausfordern.

wo wir ein Wrack vermuteten, jedoch ohne Erfolg. Als einzige Hoffnung blieb uns nur noch, zu jenen sechs Amphoren zurückzufahren, die wir zu Anfang unserer Suche gesichtet hatten. Vielleicht könnten sie uns ja zu einem größeren Fund führen.

„*Argo* einholen", befahl ich, und Todd zog sofort den Joystick zu sich hin. Dadurch begann die elektrische Winde am Heck der *Starella,* das Schleppkabel von *Argo* aufzurollen und unser Videofahrzeug an die Oberfläche zurückzuholen. Die Deckmannschaft stand bereits am Heck und sorgte dafür, daß das Kabel ohne zu große Zugspannung aufgewickelt wurde. Ein Kabelanriß konnte nämlich später Schwierigkeiten verursachen und zum Beispiel zu einem Riß des Kabels mit nachfolgendem Verlust von *Argo* führen. Doch bisher, toi, toi, toi!, hatten wir keine Probleme gehabt.

Ich warf noch einen letzten Blick auf den Kontrollraum und ging dann auf das Achterdeck der *Starella* hinaus. Bald würden wir volle Kraft voraus zur Straße von Sizilien dampfen, und zwar zu einem Gebiet, das auf der Seekarte als Skerkibank gekennzeichnet ist. Es ist eine Ebene unter Wasser, die direkt auf dem Weg der größten Handelsroute zwischen der alten nordafrikanischen Stadt Karthago und Rom liegt. Dies war vermutlich unsere letzte Chance, ein Wrack aus der antiken Welt zu finden.

Früh an jenem Morgen des 10. Juni befanden wir uns über der Skerkibank und näherten uns der Stelle, an der wir zuerst jene sechs Amphoren entdeckt hatten. Ich gab den Befehl, *Argo* zu Wasser zu lassen.

Die Skerkibank war das einzige Gebiet, das wir mehr als eine Woche gesehen hatten, in dem die Schleppnetzfischer weniger Spuren hinterlassen hatten als in anderen Gebieten. Diese Unterwasser-Insel ist etwa 520 Quadratkilometer groß, eine große Fläche, die erst abgesucht sein will. Deshalb entschied ich, daß wir unsere Suche dort fortsetzen würden, wo wir die sechs Amphoren entdeckt hatten. Vielleicht gehörten sie zu dem **Trümmerfeld** eines einzelnen Wracks. Falls diese Annahme stimmte, dann brauchten wir nur die Umgebung abzusuchen, um das zu finden, was wir suchten.

Bei der Suche nach anderen Wracks auf dem Meeresboden hatten wir festgestellt, daß fast nie ein Schiff als Ganzes untergeht. Sollte das dennoch der Fall sein, so verstreut es während des Sinkvorgangs seine Trümmer über eine größere Fläche, darunter Stücke des **Rumpfes**, Teile der Fracht und noch viel mehr. Der große Rumpfteil und schwerere Teile sinken fast senkrecht. Die leichteren Teile werden von Unterwasserströmungen fortgetragen und treiben beim Sinken weit ab. Dadurch entsteht eine Spur aus Trümmern, die sich über einen Kilometer oder mehr erstrecken kann, je nach der Tiefe des Meeres und der Stärke der Wasserströmungen. Gewöhnlich findet man die größten Brocken eines Wracks, indem man der Spur der Trümmer von den leichteren zu den schwereren hin folgt.

Sobald *Argo* die Sichthöhe erreicht hatte, sahen wir eine Amphore. Dann noch eine. Klar, wir hatten irgendein Trümmerfeld erreicht, doch in welcher Richtung lag das Schiff? Den übrigen Tag und bis in die Nacht hinein strichen wir wie beim Rasenmähen systematisch über das Gebiet, ohne jedoch auf weitere Trümmer zu stoßen. Unter „Rasenmähen“ verstehen wir ein standardisiertes Suchmuster in parallelen Linien, die, eine nach der anderen, „abgegrast“ werden. In diesem Fall befindet sich eine neue Linie jeweils eine Seemeile nördlich der gerade abgefahrenen.

Am nächsten Morgen, als wir die nördliche Grenze dieses Trümmerfelds erreicht hatten, war uns klargeworden, daß es sich dabei nicht um ein gewöhnliches Feld handelte. Für ein einzelnes Wrack war es bei weitem zu groß, und dennoch hatten wir kein einziges Wrack gesichtet — lediglich verstreute Frachtteile von vielen antiken Schiffen.

Soviel ich wußte, war hier eine ganze Flotte römischer Schiffe gesunken oder, wahrscheinlicher, unzählige Schiffe über Hunderte von Jahren hinweg. Vielleicht hatte hier sogar während der Punischen Kriege eine große Seeschlacht zwischen Karthago und Rom stattgefunden. Wie auch immer, ich war fest davon überzeugt, daß wir früher oder später auf die Spur eines echten Schiffes stoßen würden. Deshalb entschied ich, unsere Suche südlich des gerade bearbeiteten Gebiets fortzusetzen.

Gegen Mittag kam Todds und Betseys Wachmannschaft in den Kontrollraum und nahm ihren Platz ein. Ich gab ihnen Anweisungen für den Start auf unserer nächsten Linie, dann ging ich nach draußen, um etwas frische Luft zu schöpfen. Es war ein herrlicher Sommertag. Die See lag ruhig, und die dienstfreien Besatzungsmitglieder nahmen am Bug ein Sonnenbad. Es wäre ein idealer Tag für ein Schiff aus Karthago gewesen, um die Straße von Sizilien zu durchqueren, vielleicht in Trapani an der Westspitze Siziliens kurz Station zu machen und dann nach Rom weiterzusegeln. Doch wäre plötzlich ein Sturm aufgekommen, als das Schiff sich bereits weit vom Land entfernt hatte, dann wäre das Schiff gesunken, ohne die geringste Spur zu hinterlassen.

(**rechts**) Bergung der *Argo*
(**unten**) Wir beobachten die Videobildschirme im Kontrollraum, die uns zeigen, was *Argos* Kameras Hunderte Meter tiefer sehen.

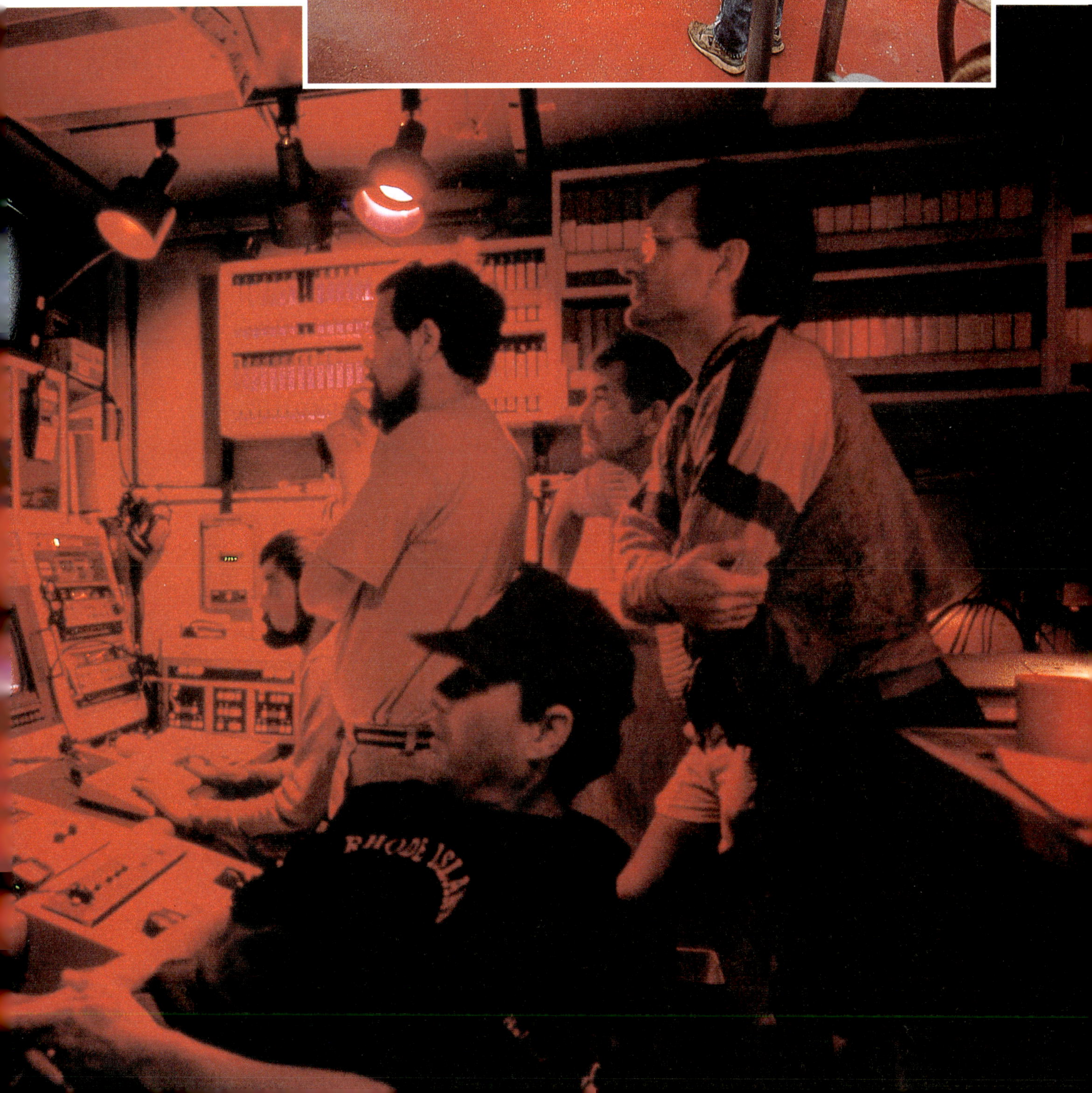

(links) Als die ersten Gegenstände aus dem römischen Wrack auf unseren Videobildschirmen auftauchen, bricht im Kontrollraum Jubel aus.

(oben) *Argos* erstes Foto mit Teilen aus dem Wrack auf dem Meeresboden.

Die Sonne schien warm auf uns nieder, und ich stellte mir vor, wie es wohl gewesen wäre, wenn ich das Kommando über eines dieser 30 Meter langen, antiken Schiffe aus Holz gehabt hätte. Kein Navigationssatellit hätte mir zur Orientierung gedient, sondern nur der Stand der Sonne, der Sterne und der Stromboli als Leuchtfeuer. Kein Motorengeräusch, nur das Rauschen des Windes in den Segeln, das Knarren der Taue und Knattern des Segeltuchs, die Rufe der Matrosen, vielleicht das Blöken und Muhen des Viehs, das an Deck befördert wurde. Die Zeiten damals waren sicher einfacher, die Luft reiner, das Wasser noch nicht so verschmutzt wie heute. Allerdings war die Lebenserwartung geringer, und den Menschen aus jener Zeit müssen die Kräfte der Natur gigantisch erschienen sein. Nimmt es da Wunder, daß die Griechen und Römer glaubten, daß die Erde, das Meer und der Himmel von mächtigen Göttern regiert wurden, die ihnen helfen konnten, deren Zorn sie aber auch in den Untergang zu stürzen vermochte.

Kurz nach zwei Uhr nachmittags schwatzte ich mit dem Aufnahmeteam vom National Geographic Television, als Betsey und Todd aus dem Kontrollraum gestürzt kamen.

„Wir haben es! Wir haben einen Volltreffer gelandet! Wir haben das Wrack gefunden!“ riefen sie mir, ganz außer Atem, zu. „Wir sind ganz sicher, daß wir das Schiff haben!“

Ich stürzte hinter ihnen her. Hatten wir endlich gefunden, wonach wir so lange gesucht hatten?

Was jedoch Betsey und Todd erspäht hatten, war längst wieder von den Bildschirmen verschwunden, da die *Starella* gehorsam und stetig dem Kurs folgte, den ich vorgegeben hatte. Um fünf nach zwei, als zum erstenmal die Gegenstände auf dem Bildschirm aufgetaucht waren, hatte Betsey in ihr Logbuch eingetragen: „Mindestens neun Amphoren auf einem Haufen". Das hörte sich nach einer Schiffsladung an, doch das Standbild der Videoaufzeichnung war zu verschwommen, um überzeugend zu wirken. Ich wies den Steuermann an, uns an die Stelle zurückzubringen, damit wir noch einmal einen Blick darauf werfen konnten. Wenn es sich um ein Schiff handelte, dann wollte ich ein gestochen scharfes Foto mit der hochauflösenden Kamera von *Argo* machen, um sicher zu sein.

Noch einmal an den Ort unserer Entdeckung zurückzukehren, erwies sich jedoch als ein schwieriges Unterfangen. Schließlich hielten wir Ausschau nach einem Haufen Amphoren, der nicht mehr als den Fußboden eines kleinen Zimmers bedeckt. Wir hatten schon Glück gehabt, daß wir überhaupt darüber gestolpert waren. Die ganze Nacht hindurch und bis zum nächsten Morgen suchten wir mehrfach das Gebiet ab — und verfehlten nach wie vor das Ziel, vermutlich jeweils nur um wenige Meter. Jeder an Bord war inzwischen ziemlich frustriert.

Genau zur Halbzeit der Acht-Uhr-bis-Mittag-Wache am 12. Juni fragte ich mich, ob die Kameras von *Argo* uns ein Trugbild zeigten. Obwohl Todd dienstfrei hatte, lungerte er im Kontrollraum herum und wartete darauf, daß etwas geschah. Doch Betsey hatte schließlich aufgegeben und sich in ihre Koje gelegt, um vor ihrer Wache, die mittags begann, noch etwas Schlaf zu finden.

Kurz vor 11 Uhr brachte der wachhabende Steuermann die *Starella* zum x-ten Mal über das Gebiet, in dem das Wrack lag. Plötzlich schrie Todd auf.

„Da ist's, wir haben es gefunden!" rief er laut aus.

Alle Augen starrten gebannt auf den Bildschirm, als die Ansammlung von Trümmern auftauchte. Ich konnte mehr als ein Dutzend **Artefakte** auf einem Haufen ausmachen, die meisten davon Amphoren, aber auch andere Gegenstände, darunter etwas, das wie ein runder Mahlstein aussah. Aus der Art ihrer Lage konnte man schließen, daß sie zusammen gesunken waren. Schließlich und endlich hatten wir doch noch unser Schiffswrack gefunden.

Sobald das hochauflösende Foto entwickelt war, rannte Todd zu Betsey hin, die bestimmt nichts dagegen hatte, geweckt zu werden. Im Kontrollraum machte sich Jubel breit. Ich schüttelte eine Menge Hände. Dann gab ich Order, *Argo* einzuholen. Ich wollte das Gebiet weitgehend unerforscht verlassen, so daß ich im folgenden Jahr den Studenten eine Gelegenheit bieten konnte, an dem prickelnden Gefühl während einer wissenschaftlichen Entdeckung teilzuhaben. Und was war dazu besser geeignet, als sie diese Entdeckung mit eigenen Augen miterleben zu lassen? Bis dahin stand uns noch eine Menge Arbeit bevor, ehe wir mit JASON zurückkehren konnten, um direkte Berichte vom Meeresboden des Mittelmeers zu übertragen.

Schicken Sie's bitte per Amphore . . .

Amphoren sind große Krüge aus Ton mit zwei Henkeln, die in antiken Zeiten als Schiffsbehälter verwendet wurden. Dank ihrer spitzen „Zehen" oder Böden konnte ein Träger sie leicht auf seinen Schultern transportieren. Dadurch konnten sie auch im Laderaum eines Schiffes lagenweise aufrecht gestapelt werden **(rechts)**. Dank ihrer dicken Bäuche konnte man sie auch bequem über Deck rollen.
Die Römer benutzten diese dickwandigen Krüge, um große Mengen Flüssigkeit oder Lebensmittel zu befördern. Die enghalsigen Krüge füllten sie mit Wein, Olivenöl, Fischsauce oder Honig. In die breithalsigen Krüge kamen getrockneter Fisch, Obst, Nüsse und Oliven. Manchmal wurden Amphoren, in die eine Flüssigkeit abgefüllt wurde, vorher mit einem klebrigen Harz ausgestrichen, um den gebrannten Ton zu versiegeln und die Flüssigkeit am Auslaufen zu hindern. Der Hals des Krugs wurde dick mit Mörtel versiegelt und manchmal auch mit einem Pfropfen aus Kork oder Terrakotta verschlossen.
Oftmals wurden die Amphoren zertrümmert, nachdem man sie geleert hatte. Diese Scherben wurden häufig dem Baumaterial untergemischt, als Schutt oder sogar bei Kinderbeerdigungen als Sarg verwendet. In vielen Gegenden des Mittelmeerraums werden auch heutzutage noch Amphoren verwendet.

Die Isis sticht in See · 355 n. Chr.

„Paß auf, wo du hinfährst!" brüllte ein grob aussehender Matrose und fluchte leise in Griechisch vor sich hin.

Antonius stand nahe am **Bug** der *Isis* und erblickte plötzlich ein übel zugerichtetes Schiff, das direkt auf ihn zukam. Er beobachtete verblüfft, wie die *Isis* im letzten Augenblick ihren Kurs änderte, dem griechischen Schiff auswich und um Haaresbreite an ihm vorbeisegelte. Alles geschah so schnell, daß ihm nicht die Zeit blieb, sich zu ängstigen.

„Das war unser Kurs, du Idiot!" bellte der Kapitän der *Isis* zurück, der flink das Ruder von seinem Steuermann übernommen und gerade noch rechtzeitig herumgerissen hatte. „**Neptun** möge auf Euch spucken!" fluchte er, als das Schiff schnell beidrehte. Eine neue Brise fuhr in die Segel, und das Schiff gewann an Fahrt. „Blöder, hastiger Grieche!" murmelte er. „Er verdient nicht einen **nummus** mehr, wenn er fünf Minuten eher am Dock anlegt."

Vom Hafen von Ostia aus in See zu stechen, war noch nie eine einfache Angelegenheit gewesen, weil immer Hunderte Schifferboote und Handelsschiffe sich auf dem engen Raum drängelten. Doch an diesem Morgen war der Schiffsverkehr noch heikler, da dichter Nebel über dem Wasser hing.

Dieses Steinrelief aus dem 3. Jh. n. Chr. zeigt einen Sklaven, der eine Amphore von einem Handelsschiff an Land trägt.

Antonius sah zum Leuchtturm und zu den Speichern aus rotem Backstein im Hafen von Ostia hinüber, die immer kleiner wurden und schließlich im Dunstschleier verschwanden. Obwohl er bereits häufiger auf kleinen Booten mitgefahren war, die auf dem Tiber zwischen Ostia und Rom verkehrten, war dies seine erste wirkliche Seereise. Jahrelang schon hatte er seinem Vater, dem Händler Fabius, in den Ohren gelegen, ihn doch auf eine Handelsreise mitzunehmen. Doch seine Mutter hatte ihm stets einen Strich durch die Rechnung gemacht, weil er angeblich noch viel zu jung sei und sie es nicht ertragen könne, so lange von ihm getrennt zu sein. Doch inzwischen war er vierzehn Jahre alt und schon ein Mann, und dieses Mal war seiner Mutter nichts anderes übriggeblieben, als traurig den Kopf zu schütteln, als sein Vater ihm erlaubte, ihn auf der nächsten Reise zu begleiten. Es sei an der Zeit, so erklärte Fabius seiner Frau, daß Antonius den Handel erlerne.

Die *Isis* wurde mit 5000 Amphoren beladen, die mit dem Wein seines Vaters gefüllt waren, und stach nach Karthago in See. Afrika! Es schien so weit entfernt. Dort wollte Fabius seinen Wein an den Mann bringen und das Schiff mit garum, Öl, Getreide, gewebten Teppichen und Textilwaren, Töpferware und vielleicht noch Ebenholz und Elfenbein dazu beladen. Heimbringen wollten sie aber auch eine Wildkatze — falls sie eine kaufen konnten — für die Spiele im Kolosseum in Rom, dem bekanntesten **Amphitheater** im Römischen Reich.

Antonius fühlte, wie sich eine Hand auf seine Schulter legte. Es war sein Vater. „Deine Tante Claudia macht mich noch wahnsinnig mit ihrem Gejammer", sagte Fabius seinem Sohn. „Ich weiß nicht, warum ich ihr erlaubt habe, mit uns zu kommen. Geh mal zu ihr, und sieh mal, ob du sie nicht zerstreuen kannst."

„Ja, Herr", antwortete Antonius und machte sich auf den Weg zum Heck, wo er zuletzt seine Tante gesehen hatte mit ihrer christlichen Sklavin Syra, die Wolldekken und Habe an Deck ausbreitete, um ihrer Herrin den Platz so bequem wie möglich herzurichten.

Von all seinen Tanten mochte Antonius seine Tante Claudia, die jüngste Schwester seines Vaters, am liebsten. Sie hatte nie geheiratet, war dafür aber viel in der Welt herumgekommen. Als sie noch jünger war, hatte sie ihm stundenlang Geschichten von exotischen Orten erzählt, die sie schon gesehen hatte – die Pyramiden in Ägypten und den Parthenon in Athen. Tante Claudia hatte zwar schon die Sehenswürdigkeiten von Karthago besichtigt, doch wollte sie dort ein paar neue Teppiche und rote Töpferware für ihren Haushalt kaufen. Auch wollte sie auf der Rückfahrt den **Venus**-Tempel auf dem Berg Eryx in Sizilien besuchen.

Antonius schlängelte sich zwischen den Passagieren auf dem überfüllten Deck hindurch. Jeder Fleck war mit Menschen gedrängt voll. Da gab es zahlreiche Familien mit ihren kleinen, lärmenden Kindern, die fröhlich zusammen spielten. Eine Gruppe dunkelhäutiger junger Männer, die nach Karthago unterwegs waren, um Arbeit zu suchen, amüsierten sich miteinander. Antonius beäugte sie neidisch. Ein paar Regierungsbeamte saßen abseits, unterhielten sich ruhig und bemühten sich, die durchdringenden Schreie der spielenden Kinder zu überhören.

Fabius zeigt Antonius ein Schiff in der Nähe, während zwei Sklaven an Deck der *Isis* arbeiten. Einer rührt in einem Topf Kieferharz um, und der andere befestigt einen Ring an einem Segel.

Innereien vom Fisch gefällig?

Zu ihren Speisen tischten die Römer gern *garum* auf, eine stark riechende Fischsauce aus Fischinnereien und Salz, die in riesigen Krügen in der Sonne vergoren wurde. *Garum,* wie heutzutage etwa Senf oder Gewürze, durfte auf keiner römischen Tafel fehlen; erst sie verlieh den Speisen ihre Würze. Mit Honig, Wein oder Kräutern verrührt, nahmen die Römer es sogar als Likör oder als Medizin zu sich. Angeblich heilte *garum* alles, vom Krokodilbiß bis zum Durchfall!
Da die Herstellung von *garum* viel Zeit und Mühe kostete, war diese Sauce nicht billig. Eine Amphore vom besten *garum* kostete zehnmal mehr als eine Amphore vom feinsten Wein. Das Mosaik mit den Seetieren **(oben)** stammt aus Pompeji.

Viele unter den Passagieren waren Pilger, die wie Tante Claudia beabsichtigten, den berühmten Tempel auf dem Berg Eryx zu besuchen, wo sie beten und der Göttin Venus opfern wollten. Mit Spazierstöcken, Wolldecken und dem, was in Reichweite war, bauten Sklaven hastig provisorische Unterstände auf. Einige Passagiere begannen, ihre Körbe voll mit Brot, Käse, Obst und Wein auszupacken; diese Nahrung mußte einige Tage lang vorhalten. Jeder war irgendwie froh, endlich unterwegs zu sein.

„Die Götter mögen mit Euch sein, Aurelius." Antonius kam sich sehr erwachsen vor, als er den großen, wichtig dreinblickenden Mann grüßte, der nahe am Schiffsmast stand und seinen Sklaven Befehle erteilte.

„Und mit dir auch", antwortete der Mann lächelnd. Aurelius war ein Regierungsbeamter auf dem Weg nach Karthago, um die dortige Unternehmensführung im staatlichen Olivenölhandel zu kontrollieren. Er hatte eine neue Ölpresse mit sich im Gepäck. Auf der Rückfahrt wollte er 4000 Amphoren teuren nordafrikanischen Olivenöls mit nach Hause nehmen.

Als Antonius sich dem Heck näherte, konnte er die hohe Stimme seiner Tante vernehmen.

„Woher kommt bloß dieser widerliche Rauch?" fragte Claudia und hielt sich angeekelt ihre Nase zu. „Syra, hol

Die gereizte Claudia versucht die Ruhe zu bewahren, während ihre Sklavin Syra nach Lebensmitteln zum Essen sucht.

mir sofort einen Fächer!" Syra rollte vielsagend mit den Augen, machte sich dann aber doch auf die Suche nach einem Fächer. Ein dürrer syrischer Sklave, der gerade aus der nahen Schiffsküche, der Kombüse, herausgetreten war und einen Topf mit dampfendem **Harz** in der Hand hielt, grinste Antonius an. An die Beschwerden von Touristen war er gewöhnt, aber was wollte er machen? Der Kapitän hatte ihm aufgetragen, sämtliche Risse im Spantenwerk des Schiffsrumpfs mit dem stinkenden Kieferharz dick auszustreichen.

„Wie hübsch du aussiehst, Tante ...", setzte Antonius mit Reden an.

„Mach dich nicht lächerlich, mein Junge", unterbrach Claudia ihn. „Es ist unmöglich, auf einer Seefahrt besonders hübsch auszusehen. Und dieses Schiff ist wirklich das letzte. Warum? Es ist nicht mal genug Platz da, um sich vom Fleck zu rühren." Mit einem ungehaltenen Schnauben versuchte sie, die ärmlich aussehende Familie aus Sizilien zu verscheuchen, die gerade Anstalten machte, in ihrer Nähe ein halbwegs bequemes Lager zu bauen.

„Heute erkenne ich mich selbst nicht wieder, Antonius." Claudia seufzte, als Syra ihr den Fächer reichte. „Ich glaube, ich ruhe mich jetzt besser etwas aus. Komm später wieder, dann erzähl ich dir auch etwas über meine erste Reise nach Karthago."

Antonius ließ seine Tante allein, als Syra sich daranmachte, Kissen rund um ihre sich fächernde, verärgerte Herrin zu verteilen.

Der Nordwind nahm zu, blähte das Hauptsegel und blies so stark, daß das Schiff **krängte**. Gischt wirbelte auf, als es durch das Wasser pflügte. Antonius mochte das sanfte Beben, jedesmal wenn das Schiff gegen eine Welle stieß, und auch das Glitzern der Gischt im Sonnenlicht. Der Morgennebel hatte sich verzogen, und die Sonne schien jetzt sehr warm. Deshalb suchte der Junge einen überdachten Ort im Windschutz der Kombüse auf, wo er sich hinsetzte und verträumt den Himmel und die See beobachtete.

Doch bald wurde er von einem merkwürdigen Geräusch in nächster Nähe aus seiner verträumten Stimmung gerissen. Es erinnerte an eine alte Kuh, die gerade kalbte. Doch dann bemerkte er, daß es seine Tante Claudia war, die stöhnte. Womöglich war sie seekrank. Antonius wollte seinen Vater um Hilfe rufen.

Fabius schüttelte seinen Kopf vor Wut. „Was ist bloß mit meiner Schwester los? Sie hat sich doch bisher nicht wie ein Kind benommen." Als sie bei Claudia ankamen, war diese kreidebleich im Gesicht, so übel war ihr geworden.

Sie ängstigte sich. „Wir müssen zurück, Fabius. Noch nie zuvor bin ich seekrank geworden. Das ist bestimmt ein böses Omen."

„Red nicht solch einen Unsinn, Claudia. Du jagst dem Jungen nur einen Schrecken ein. Ruh dich aus, und danach ist alles wieder in bester Ordnung."

Claudia gab ein weiteres Stöhnen von sich und wandte ihnen den Rücken zu. Als Fabius und Antonius sie in ihrem Leiden alleine zurückließen, bemerkte Antonius, daß sein Vater grimmig dreinblickte.

Dann erinnerte er sich an den Fetzen einer Unterhaltung, den er am Abend zuvor aufgeschnappt hatte, als alle dachten, er schlafe schon. Der Kapitän der *Isis,* ein drahtiger Sizilianer, der schon oft das Schiff seines Vaters kommandiert hatte, war in ihre Herberge in Ostia gekommen.

„Die Saison ist schon zu weit fortgeschritten, um eine solche Reise zu unternehmen. Die Zeit der Stürme kann jederzeit beginnen. Ihr verliert vielleicht eure Fracht – und die Passagiere an Bord ihr Leben!"

Doch Fabius war nicht etwa zu seinem Reichtum gekommen, weil er besonders vorsichtig gewesen wäre. Er war fest entschlossen, die letzte Reise nach Karthago in diesem Jahr noch zu machen.

Im flackernden Licht der Lampe schien das barsche Geflüster des Kapitäns wie der Teil eines unwirklichen Traums. Doch nun schienen seine Worte plötzlich wahr zu werden.

An dem Tag, als die *Isis* in Richtung auf Puteoli an der italienischen Küste südwärts segelte, schienen dergleichen Ängste weit entfernt. Das Wetter war nach wie vor sonnig, Tante Claudia erholte sich von ihrer Erkrankung, und der Kapitän machte nicht den Eindruck, als würde ihn etwas bedrücken. Er erlaubte Antonius sogar, unter den wachsamen Augen des Steuermanns kurz das Schiff zu führen. Vielleicht waren die Worte des Kapitäns ja wirklich Teil eines Alptraums gewesen.

Am Spätnachmittag war Antonius so langweilig zumute, daß er beschloß, unter Deck die Fracht zu inspizieren. Der dunkle, feuchte **Laderaum** der *Isis* gehörte zu einer anderen Welt. Wohin Antonius auch blickte, sah er weingefüllte Amphoren, die schichtweise aufeinandergestapelt waren. Jede Schicht war mit dünnen Ästen und Zweigen abgepolstert, damit diese zerbrechlichen Behälter nicht beschädigt wurden. Antonius ließ seine Hand über ihre kühle, glatte Oberfläche gleiten und setzte sich dann hin, um dem Knarren des Schiffsrumpfs und dem Klatschen der Wellen gegen die Spanten zu lauschen. Durch die Decksplanken hindurch konnte er Gelächter hören und das Stimmengewirr aus verschiedenen Akzenten und Dialekten. Auf einmal knurrte ihm der Magen, und er kletterte die Leiter hoch an die frische Luft.

Die Sonne ging gerade unter und näherte sich dem Horizont. Bis zum Abendessen würde es zwar nicht mehr lange dauern, doch er konnte es nicht länger aushalten. Deshalb ging er zu der winzigen Kombüse auf dem **Achterschiff.** Als er sich duckte, um in den niedrigen Raum hineinzugelangen, der von einer einzelnen Öllampe erhellt wurde, stach ihm eine Mischung aus würzigem Essensgeruch und Schweiß in die Nase. Der Kombüsensklave, ein großer, kahlköpfiger Mann, sang laut ein griechisches Lied, während er die frisch gefangenen Fische reinigte, die für die wenigen privilegierten Passagiere an Bord vorgesehen waren, für Fabius, Antonius, Claudia, Aurelius und den Kapitän. Der Sklave nickte Antonius zum Zeichen des Grußes zu.

„Abendessen bald. Du warten“, sagte er brummend, als er von einem großen Fisch gerade den Kopf abtrennte. Etwas milder gestimmt fügte er dann hinzu: „Aber da, nimm Brot und Schale mit Wasser aus Krug.“

Es lohnte sich, auf das Abendessen zu warten. Der zarte Fisch mit einer Sauce aus Knoblauch, Wein und Olivenöl kam ihm köstlicher vor als jede Speise, die er jemals zu Hause gegessen hatte.

Am Nachmittag darauf war Antonius wieder an seinem Ausguck am Bug. Er sah nur die Küste Italiens, eine zarte Linie am Horizont. Wenn er sich über die Reling beugte, konnte er die goldbemalte Göttin *Isis* als Galionsfigur am Vorder**steven** erblicken.

Der griechische Kombüsensklave bereitet einen Fisch zum Grillen vor.

Plötzlich wurde er auf einen entfernten Fleck aufmerksam, etwas, das sich von den Wellen und den Wolken und dem Himmel abhob.

„Ein Segel!“ schrie er aufgeregt.

„Wo? Wo siehst du zu dieser unwirtlichen Jahreszeit ein Segel?“ fragte der Kapitän knurrend, der am Bugdeck stand.

„Dort!“ Antonius zeigte darauf, und der Kapitän blinzelte, sich mit der Hand die Augen abschattend.

„Da kannst du recht haben“, murmelte er. „Kannst du klettern, Junge?“

„Ja, Herr“, antwortete Antonius.

„Dann klettere die Leiter da hoch. Von dort oben kannst du es besser sehen.“

Antonius verlor keinen Augenblick — obwohl sein Vater ihm verboten hatte, auf den Mast zu klettern. Mit

Dieses römische Steinrelief zeigt drei Schiffe, die in Ostia einlaufen. Im Getümmel ist ein Matrose über Bord gegangen.

zitternden Knien stieg er mühsam die schwankende Leiter hinauf.

Außer Atem stand er schließlich auf der stampfenden **Rah** und umklammerte fest den Mast. Er traute sich nicht, nach unten zu sehen und hielt viel lieber danach Ausschau, ob es sich in der Ferne um ein Schiff oder lediglich um ein Spiel des Lichts auf den Wellen handelte.

„Siehst du ein Segel?" hörte er den Kapitän fragen.

Da war es!

„Ja", schrie er aufgeregt hinunter. Vor lauter Aufregung vergaß er fast, sich weiterhin am Mast festzuhalten. „Es ist ein grünes Segel!" Antonius hörte ein Pochen in seinen Ohren. Er wußte, daß es sich bei einem grünen Segel nur um ein Piratenschiff handeln konnte. Piratenschiffe hatten immer grüne oder blaue Segel, damit sie auf See gut getarnt waren. Die Matrosen fürchteten Piratenangriffe noch mehr als den Ausbruch eines gefährlichen Feuers in der Kombüse. Holten die Piraten ein Schiff ein, dann enterten sie es und fesselten jedermann an Bord. Falls römische Bürger zu protestieren wagten, entschuldigten die Piraten sich und behaupteten, es geschehe keiner Fliege ein Leid, und dann zwangen sie sie, die Schiffsleiter über Bord bis in die Fluten hinabzusteigen. Wer den Mund hielt, wurde als Sklave in einer fremden Hafenstadt verkauft.

„Geh uns aus dem Weg, Junge!" Zwei Matrosen waren zu Antonius an der Mastspitze hochgeklettert. Sie hatten Order, das Topsegel loszubinden. Irgendwie schaffte Antonius es noch, die Leiter hinunterzuklettern an Deck. Dort hißten andere Matrosen das Focksegel. Die *Isis* war jetzt auf jedes Fleckchen Segeltuch angewiesen, wenn sie das Piratenschiff abhängen und ihre kostbare Fracht retten wollte.

Bald darauf krängte die *Isis* scharf, als der Wind in die gehißten Segel fuhr. Als das Schiff durch das Wasser pflügte und durch den Wind an Fahrt gewann, spritzten Wellen über die Reling **leewärts.** Einige Passagiere kreischten vor Angst. Ein Säugling fing an zu weinen. Jedermann klammerte sich an etwas fest, als die Bündel mit der Kleidung und den Decken über das schräge Deck rutschten.

Antonius hielt sich mit beiden Händen gut an der Reling fest. Salzige Gischt peitschte sein Gesicht. Dennoch konnte er seine Augen nicht von dem Piratenschiff lassen. Gebannt starrte er auf das grüne Segel, das immer kleiner wurde. Kurze Zeit später war es außer Sichtweite, und es gab nichts anderes zu sehen als blaugrünes Wasser und die Sonne am Firmament. Die Mannschaft holte Segel ein, das Schiff richtete sich wieder auf, und die Passagiere machten sich daran, ihre verstreuten Habseligkeiten einzusammeln.

Doch der Kapitän und sein zweiter Offizier, der Navigator, sahen weiterhin besorgt drein, als sie sich über ein Navigationsbuch beugten. Die *Isis* hatte, bei der verzweifelten Anstrengung, das Piratenschiff abzuhängen, die Orientierung verloren. Jetzt wieder Kurs auf Land zu nehmen, hätte geheißen, dahin zurückzukehren, wo zuletzt die Piraten gesichtet worden waren. Deshalb segelten sie einige Stunden lang südwärts, nur von der glühenden Sonne geführt. Obwohl es inzwischen dunkel geworden war, konnte Antonius erkennen, daß der Kapitän und der Navigator gespannt und still vor sich hin blickten. Seine Nackenhaare sträubten sich, als er erkannte, daß sie nicht wußten, wo sich ihr Schiff befand.

Antonius wachte von den Rufen der Matrosen auf, die sich unterhielten. Er setzte sich aufrecht und lauschte auf den Atem seines Vaters neben ihm. Nichts!

Er rieb sich die Augen und stolperte auf das Vorderdeck. Was er dort erlebte, kam ihm wie Karneval vor. Jedermann an Bord war auf den Beinen, und die meisten hatten sich am Bug der *Isis* versammelt. Die Menschen redeten und lachten und zeigten auf etwas. Verwirrt und aufgeregt suchte Antonius nach seinem Vater und seiner Tante Claudia.

„Die Götter sind entzürnt", murmelte ein Greis, an dem er vorüberging.

„Unsinn", antwortete seine Frau ihm. „Das ist der Stromboli."

Schließlich bemerkte Antonius, wohin die Leute sahen. In einiger Entfernung glühte der Himmel rot. Mal wurde das Glühen stärker, mal schwächer. Das war also der berühmte Vulkan Stromboli.

„Antonius, was machst du hier an Deck so spät in der Nacht?" Tante Claudias Stimme war schneidend, doch ihre Augen funkelten. Tatsächlich schien sie in ausgezeichneter Stimmung zu sein; sie lehnte sich weit über die Reling, um gut sehen zu können. Sogar Fabius und Aurelius schienen guter Laune zu sein.

„Hab ich dir jemals davon erzählt, als ich den Stromboli zum ersten Mal gesehen habe?" fuhr Claudia fort. „Damals war ich sechzehn und machte, zusammen mit deinem Großvater, meine erste Seereise. Wir waren nach Alexandria unterwegs, den Frachtraum voll mit gutem Rotwein. In Ägypten wollte Großvater dafür Getreide kaufen, um es nach Rom zu bringen."

Antonius grinste. Es fiel ihm schwer, sich die nicht mehr ganz taufrische Tante Claudia als junges, sechzehnjähriges Mädchen vorzustellen.

„An Bord war ein junger **Zenturio,** der zu seiner Legion nach Judäa wollte. Er sah wirklich gut aus . . ."

In diesem Augenblick spie der Vulkan heiße Lava und Asche. Ein paar Menschen in der Menge schrien auf. Antonius war davon überzeugt, daß er noch nie so etwas Schönes und Schreckliches zugleich gesehen hatte.

„. . . und war *sehr* heißblütig", erzählte Claudia weiter, als sie verträumt an einem ihrer vielen Armreifen aus Silber herumspielte. „Vater war bestimmt vollauf damit beschäftigt, mich an dem Abend im Auge zu behalten, als wir am Stromboli vorbeisegelten."

Einige Stunden später, während die glühende Röte des Stromboli über dem Heck in der Ferne dahinschmolz, bummelten die Passagiere zu ihren Standorten auf Deck zurück.

„Komm schnell ins Bett", sagte Fabius zu seinem Sohn, als er und Claudia weggingen. „Morgen haben wir noch einen langen Tag vor uns."

Bald lagen die Menschen auf dem Schiff im Schlaf. Aber Antonius wollte unbedingt wach bleiben. Er bahnte sich einen Weg zum Heck über schlafende Körper und gestapelte Bündel hinweg und hockte sich neben den Steuermann, um zu beobachten, wie der Stromboli zu einem winzigen roten Fleck in der Ferne schrumpfte. Bald waren der Steuermann und der Navigator die beiden einzigen an Deck, die noch wach waren, als die sanfte Nachtbrise die *Isis* nach Westen schob.

Bei anbrechender Dunkelheit führt der erschöpfte Steuermann das Schiff zurück auf Kurs.

„Kaum sah ich den Stromboli, war mir klar, daß wir den Kurs wechseln mußten", erklärte der Navigator. „Hätten wir weiter Kurs Süd gehalten, wären wir direkt auf eine der Inseln vor der Nordküste Siziliens zugelaufen. Morgen nehmen wir in Motya Frischwasser auf. Einen Tag später sind wir dann in Karthago."

Als Antonius aufwachte, begriff er, daß es Morgen war. Der Sonnenschein ergoß sich über Deck, und er vernahm die schrillen Schreie der Möwen, ein sicheres Zeichen dafür, daß bald Land in Sicht war.

Fast eine Katastrophe · 1989

Anfang April 1989 konnten wir die zweite Phase des Projektes JASON in Angriff nehmen. Der JASON-Roboter war fast fertig. Zwölf Museen in den Vereinigten Staaten und Kanada sowie 250 000 Schüler und Studenten wollten sich unsere Direktübertragung vom Mittelmeer nicht entgehen lassen. Wir planten, in der ersten Maiwoche vom Marsili-Seamount aus zu berichten, wo wir einen aktiven Unterwasservulkan beobachten wollten. In der darauffolgenden Woche beabsichtigten wir, von der Skerkibank aus zu übertragen, während wir ein römisches Schiffswrack erkundeten, das wir auf der Expedition ein Jahr zuvor dort entdeckt hatten.

Mit JASONs Greifarm konnten wir Tier- und Gesteinsproben vom Vulkan ans Tageslicht befördern. Später wollten wir dann — unter der Leitung von Dr. Anna McCann, der Archäologin in unserer Mannschaft — Amphoren und anderes archäologisches Material aus dem antiken Schiff bergen.

Die meisten Mitglieder der JASON-Mannschaft waren in England an Bord unseres Schiffes *Star Hercules* gegangen. In der Zeit, die wir brauchten, um ins Mittelmeer zu gelangen, wollten wir JASON den letzten Schliff geben und besonders seiner Garage und seinem Kameraschlitten, den wir **Hugo** getauft hatten. Wie üblich waren wir mit neuer Technologie in See gestochen, die vor Ort eingesetzt und in der Praxis erprobt werden sollte.

Mitte April ging ich in Gibraltar, am Eingang des Mittelmeers, an Bord. Was sich meinen Augen darbot, war nicht besonders erfreulich anzusehen. Wegen der schaurigen Fahrt von England durch den Golf von Biscaya bis nach Gibraltar war die JASON-Mannschaft noch immer grau und grün im Gesicht. Sie war von einem furchtbaren Sturm mit fast 10 Meter hohen Wellen und Böen zwischen 50 und 60 **Knoten** mächtig durcheinandergerüttelt worden. Schlimmer noch, sie war von einer **Springwelle**, einem Wasserberg, der ohne Vorwarnung plötzlich aus dem Nichts auftaucht, voll erwischt worden. Die am Heck festgezurrte Ausrüstung hatte sich selbständig gemacht, war in die Behälter gekracht und hatte *Hugo* so bombardiert, daß er nun aussah, als hätte ein wildes Seemonster auf ihn losgedroschen. Der Behälter mit der Elektronikausrüstung war am schwersten in Mitleidenschaft gezogen, Meereswasser war eingedrungen und hatte viele der Com-

Unser hochentwickelter Unterwasser-Roboter JASON kann bis 6100 Meter tief tauchen. Dagegen liegt die Tauchtiefe für Scuba-Tiefseetaucher aus Sicherheitsgründen bei nur 40 Metern.

1 Rohrgestell
2 Elektronik- und Kabelstrecke
3 Sonar für Seitenabtastung
4 Korrekturtriebwerk (1 von 7)
5 elektronischer Kompaß
6 Notleuchtfeuer zwecks Lokalisierung
7 Sonar für Vorwärtsabtastung
8 Fotokamera mit Blitz
9 Videokamera (1 von 3)

(ganz oben) Unsere Werkstatträume an Deck der *Star Hercules*
(oben) JASON hockt gemütlich im Innern von *Hugo*
(rechts) Sonnenbaden auf dem Dach des Computer-Containers

puter zerstört, und der Boden hatte sich daraufhin verzogen. Hinzu kam noch, daß der Sturm die Techniker davon abgehalten hatte, die letzten Arbeiten zu Ende zu führen, bevor JASON zu Wasser gelassen werden konnte. Unsere Mannschaft war ausgelaugt und im Zeitverzug. Die Lage schien hoffnungslos.

Doch JASON *mußte* einfach klargemacht werden. Er war unser „schwimmender Augapfel", der über ein 150 Meter langes Haltekabel mit *Hugo* verbunden war. Seine Videokameras sollten scharfe Großaufnahmen vom Meeresboden senden, und dank seines hochentwickelten Antriebssystems wollten wir nahe genug an unser Ziel herankommen. Kurzum, wir waren auf JASON angewiesen, wollten wir unsere Unterwasser-Erkundungen für unsere Zuschauer zustande bringen.

Am 20. April ließen wir den Felsen von Gibraltar hinter uns und nahmen Kurs auf die Skerkibank. Einmal dort angekommen, blieb uns weniger als eine Woche, um unsere erste Fernsehübertragung vorzubereiten. Wenn das Wetter bis dahin mitspielte, mußte es zu schaffen sein.

Ich bat Isis, die ägyptische Göttin und Schutzpatronin der Seeleute, uns zu beschützen. Isis war auch die Göttin des Jenseits und wurde von den Römern ebenso verehrt. Unserer Archäologin, Dr. Anna McCann, kam dieser Name sogar ideal für das Schiffswrack vor, das wir entdeckt hatten.

Doch das Wetter verschlechterte sich zusehends, als wir uns der Skerkibank näherten, und ich machte mir immer mehr Sorgen um *Hugo*. Am Nachmittag des Tages, an dem wir die *Isis* erreichen sollten, ging ich nach achtern zum **Hecküberhang**, um nachzusehen, wie weit die Mannschaft mit *Hugo* und JASON gekommen war. Andy Bowen, der Chefingenieur, stand über *Hugos* massiven **Aluminium**rahmen gebeugt. Er war so sehr von seiner Arbeit in Anspruch genommen, daß er weder den Seegang des Schiffes noch die gelegentliche kalte Dusche mit Meerwasser zu bemerken schien.

„Ich mag es immer noch nicht", sagte ich Andy. „Dieses Ding ist ein Monster." *Hugo* war viermal so groß wie der alte *Argo*. Seine Größe war, jedenfalls teilweise, dadurch bedingt, daß er als Garage für JASON zu dienen hatte. Doch *Hugo* war noch größer ausgefallen, als wir ohnehin schon geplant hatten. Das Fahrzeug war einfach zu klobig. Wenn wir es bei rauher See zu Wasser ließen, könnte dies möglicherweise bedeuten, daß, wenn das Schiff sich gerade auf einem Wellensattel befand, *Hugo* bis ins Wellental fallen würde. Dies könnte eine sogenannte Belastung des Kabels auf **Zug** zur Folge haben, weil das Schiff in die eine, *Hugo* aber in die andere Richtung ziehen würde. Ich befürchtete, daß *Hugo*

Skip Gleason hilft etwas nach, als der klobige *Hugo,* mit JASON in seinem Innern, vom A-Rahmen aus zu Wasser gelassen wird.

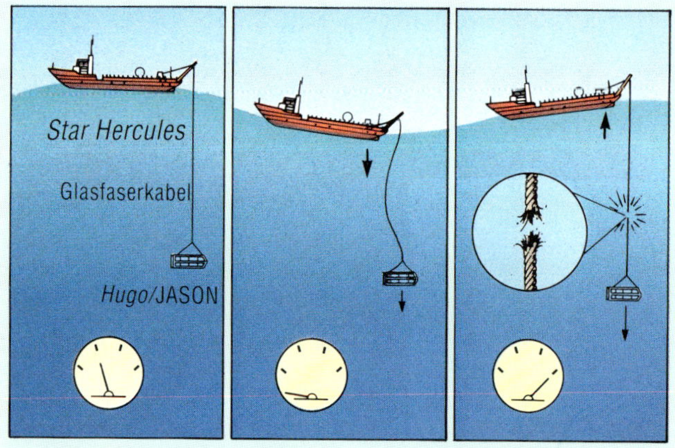

Während wir *Hugo* zu Wasser lassen, liegt auf seinem Haltekabel eine Zugbelastung von 4500 kg. Gerät nun das Schiff in ein Wellental, so hängt das Kabel schlaff durch, weil es nicht auf Zug beansprucht wird (wie der Druckmesser in der **Mitte** anzeigt). Doch als das Schiff wieder auf einen Wellensattel gelangt und *Hugo* weiter absinkt, wird das Kabel mit einer Zugstärke von 10 000 kg belastet: es reißt, und *Hugo* sinkt auf den Meeresboden.

das brandneue **Glasfaserkabel** zerreißen würde, bevor es überhaupt die Möglichkeit gehabt hatte, eingesetzt zu werden.

„Keine Angst, Bob", sagte Andy beruhigend. „Unser neues Baby wird's schon schaffen."

Meine Vorahnung besagte anderes, doch ich nahm an, wir waren jetzt einfach auf *Hugo* angewiesen. Und deshalb mußte er eben spuren.

★ ★ ★

„Dr. Ballard, wir sehen Sie jetzt auf dem Bildschirm. Alle Museen sind zugeschaltet. Achtung, auf los geht's los! 5, 4, 3, 2, 1, los!" Die Stimme aus dem Senderaum des Turner Broadcasting in Atlanta, Georgia, drang an mein Ohr und bedeutete mir, daß eine halbe Welt weit entfernt das Personal von einem Dutzend Museen zusah. Wir schrieben den 26. April, und es war unser erster Probelauf zur Direktübertragung für die Studenten, die am 1. Mai über die Bühne gehen sollte.

„Guten Morgen aus dem Mittelmeer", begann ich locker und vergnügt. „Sie kommen gerade rechtzeitig, um live mitzuerleben, wie wir *Hugo* und JASON zu Wasser lassen."

Während ich redete, behielt ich *Hugos* Haltekabel auf dem Bildschirm im Auge. Schließlich war es das erste Mal, daß JASON von *Hugo* aus gestartet wurde, und unser neues Glasfaserkabel würde dabei mehr auf Zug beansprucht werden als je zuvor. Ich war sehr nervös. Obwohl wir aus dem gröbsten Sturm heraus waren, gingen die Wellen immer noch sehr hoch. Die Situation war so schon aufregend genug, doch es war noch viel aufregender, weil wir dies auch noch vor laufenden Kameras durchführten!

„Das Fahrzeug ist jetzt zu Wasser gelassen worden. Wie Sie unschwer auf dem Bildschirm hinter mir erkennen, liegt das Kabel ruhig. Es dauert etwa 30 Minuten, bis *Hugo* in einer Tiefe von etwa einem Kilometer den Boden der Skerkibank erreicht hat."

Als das Schiffsheck plötzlich in ein Wellental zwischen zwei Wellensättel geriet, sah ich das Kabel schlaff herunterhängen. Schon machte ich mich auf den Zug gefaßt, den es bald aushalten mußte. Als das Schiff dann auf den nächsten Wellensattel gelangte, stellte ich fest, daß die Bildschirme im Kontrollraum keine Bilder mehr zeigten! Sofort war mir klar, daß das Haltekabel gerissen war. Eine mehrere Millionen Dollar teure Ausrüstung krachte herrenlos auf den Meeresboden.

„Oh, mein Gott!" schrie ich und vergaß völlig, daß ich auf Sendung war. Ich riß mir den Kopfhörer herunter, stürzte aus dem Kontrollraum und überließ es der Sendeleitung bei Turner Broadcasting, den erstaunten Museumsangestellten überall in den Staaten zu erklären, was vorgefallen war.

Mein erster Gedanke galt der Sicherheit der Decksmannschaft. Wenn nämlich ein Kabel wegen der enormen Zugbeanspruchung reißt, schnellt es wie eine überdimensionale Peitsche mit einer solchen Kraft zurück, daß es Menschen tödlich verletzen kann. Zum Glück hatte die Mannschaft beobachtet, daß das Kabel durchhing, und sich noch rechtzeitig in Sicherheit gebracht. Nun irrte sie unter Schockeinwirkung am Hecküberhang ziellos umher. Den Ingenieuren von JASON und *Hugo* erging es nicht viel anders.

Ich mußte etwas tun, darum erteilte ich einfach Befehle. Dabei fühlte ich mich besser, und es löste die

(links) Das abgerissene Endstück des Kabels an Deck
(oben) Mitglieder der JASON-Mannschaft bereiten in aller Eile das Ersatzgerät *Medea* für die Bergung vor.

Mannschaft aus ihrer Erstarrung. Doch die ganze Zeit über verfolgte mich ein einziger Gedanke: Irgendwie müssen wir rechtzeitig zu den Fernsehübertragungen wieder an JASON herankommen. Doch wie nur?

Über eines war ich mir im klaren: Nie wieder würde ich *Hugo* zu Wasser lassen. Er war einfach zu groß. Das hieß, wir benötigten ein leichteres Fahrzeug, das JASON retten und *Hugo* während der Fernsehsendungen ersetzen konnte. Ich wandte mich an Bill Hersey, meinen besten Elektroingenieur, der unweit neben mir stand.

„Bill", rief ich ihm zu. „Hol *Medea* her." *Medea* war ein Ersatzgerät, das wir für den Fall eines Falles mitgebracht hatten. Wir hatten es für die Versuche mit Glasfaserkabeln konstruiert, doch nicht im wildesten Traum hatten wir daran gedacht, daß es JASON tragen müßte. *Medea* erhielt ihren Namen nach jener Prinzessin, in die der antike Jason sich auf seiner Suche nach dem Goldenen Vlies verliebt hatte. Medeas Magie hatte dem griechischen Helden geholfen, seine Prüfungen zu bestehen und das Vlies zu holen. Nun denn, auch unser heutiger JASON konnte Medeas Magie gut gebrauchen. Doch zuvor mußte Bill Hersey sich selbst erst noch in einen Zauberer verwandeln.

Bill und ich standen über *Medea* gebeugt, als ich ihm mitteilte, was ich von ihm erwartete. Ich wollte Kameras, Scheinwerfer, alles haben – eine Art Mini-*Hugo*, doch ohne diese unförmige Garage. Auf der Stelle zauberte Bill einen Zettel hervor und fing an, eine neue, verbesserte *Medea* auf den Fetzen Papier zu skizzieren – die Kabelstrecke, die Kameraanlage, den Zusammenbau von JASON.

„Wieviel Zeit gibst du mir, Bob?" fragte er mich.

„Vierundzwanzig Stunden", antwortete ich und wußte, daß ich Unmögliches verlangte.

Keiner von uns hatte in dieser Nacht viel Zeit zum Schlafen. Als ich am nächsten Morgen aufstand, konnte ich am Schlingern der *Star Hercules* sofort erkennen, daß sich ein neuer Sturm zusammenbraute. Ich versuchte, mit viel kaltem Wasser einen klaren Kopf zu bekommen und steuerte dann schnurstracks auf die Kampfszene zu.

Im Elektronikraum hatten Bill und seine Techniker die ganze Nacht hindurch gearbeitet, ihre Overalls waren über und über mit Fett verschmiert. Kabelstücke und elektronische Bauteile lagen wild über den engen Raum verstreut. Draußen stand *Medea,* ein zerstückeltes Tohuwabohu. Es hatte nicht den Anschein, als ob aus *Medea* jemals etwas werden würde. Dennoch war Bill zuversichtlich.

„Ach ja, kein Problem", versicherte er mir. „*Medea* wird schon noch rechtzeitig fertig – aber bei diesem Sturm können wir sie nicht zu Wasser lassen."

Auf dem Deck stand das Seewasser fingerhoch; ich rutschte aus und wäre fast hingesegelt, als ich in den Kontrollraum zurückging. Drinnen herrschte eine Atmosphäre ruhiger Geschäftigkeit. Dana Yoerger, unsere Computer-Kanone für den Roboter und Erster Steuermann, begrüßte mich mit strahlenden Augen.

„Es wird dich freuen zu hören, daß wir wissen, wo *Hugo* und JASON sich befinden“, erklärte er mir. „Beide **Antwortsender** funktionieren, und wir können dir sogar sagen, in welche Himmelsrichtung *Hugo* ausgerichtet ist.“

Das war eine gute Nachricht. Die Antwortsender sind **Sonar**-Funkfeuer unter Wasser. Wären sie beschädigt worden, wäre es viel mühsamer geworden, JASON wiederzufinden. Jetzt war die Bergung möglich — wenn das Wetter mitspielte und sich beruhigte.

„Übrigens“, fügte Dana hinzu, „kann ich dir genau sagen, wie schnell *Hugo* gesunken ist. Mit 6 km/h.“

„Und von der Strömung verschont geblieben“, fügte ich grinsend hinzu. Zum ersten Mal war ich zufrieden darüber, daß *Hugo* dermaßen groß war und daher soviel Wasserwiderstand hatte. Ein kleineres, schwereres Gerät wäre schneller gesunken und vielleicht im Meeresschlamm verschwunden. Da *Hugo* aber so langsam gesunken war, gab es begründete Hoffnung, daß er sich nicht allzu tief in den weichen Grund eingegraben hatte.

Die nächsten anderthalb Tage waren unerträglich, da wir darauf warteten, daß der Sturm abflaute. Die Zeit, die uns bis zu unserer Übertragung blieb, zerrann uns wie Sand zwischen den Fingern. Diese Zeitspanne verringerte sich noch dadurch, daß die Übertragungen der ersten Woche vom 110 Kilometer entfernten Marsili-Seamount aus vorgesehen waren. Während das Wetter sich verschlechterte, verschanzten wir uns im Windschatten einer Insel vor Trapani an der Westspitze Siziliens. Die *Medea* war fast fertig, wie Bill Hersey es versprochen hatte, doch das Mittelmeer zeigte sich alles andere als kooperationswillig.

Am Morgen des 29. April, nur noch zwei Tage vor unserer ersten Übertragung, konnten wir nicht länger warten. Das Wetter war nach wie vor schlecht, als wir zur Skerkibank zurückstampften. Just als wir an der Stelle ankamen, flaute der Sturm ab. Die Windstärke nahm ab, die Sonne kam raus, und die See wurde ruhiger. Der Seegang war zwar nach wie vor hoch, doch wir durften keine Zeit mehr verlieren. Wenn wir JASON zurückbekommen wollten, mußten wir riskieren, *Medea* dabei zu verlieren. Es ging um alles oder nichts.

Für den Start und die Rettungsaktion versammelten wir unsere beste Mannschaft im Kontrollraum. Dana übernahm die Steuerung, und Martin Bowen (nicht mit Andy verwandt), einer unserer besten Piloten, nahm auf dem Pilotensitz Platz. Als *Medea* sich dem Meeresboden näherte, umklammerte Martin den Joystick fester mit der Faust, und alle Augen starrten gebannt auf den Videobildschirm, der mit *Medeas* abwärts gerichteter Kamera verbunden war. Auf 60 Meter Höhe tauchte ein kleines, helles Rechteck direkt in der Bildschirmmitte auf. Das war *Hugo*, sogar mit JASON gemütlich innendrin. *Hugo* stand aufrecht und war nur wenig im Schlick eingesunken. Dana hatte seine Arbeit perfekt erledigt. Wir führten einige Aufklärungsfahrten aus, um das Gerät aus allen möglichen Winkeln in Augenschein zu nehmen.

„Okay, dann mal los, hol es“, sagte ich zu Martin.

Prompt drückte er den Joystick nach vorn, und *Medea,* mit ihrem nach unten baumelnden Greifhaken, sank abwärts.

Durch den Wellengang an der Oberfläche bewegte sich *Medea* parallel mit der Bewegung der *Star Hercules* auf und ab. Dadurch war es verteufelt schwer, den Haken in das Zaumzeug oben an JASON einzuklingen. Doch wenn es einer schaffen konnte, dann war es Martin.

Als nächstes sahen wir, daß der Greifhaken am Rahmen an der **Backbord**seite des Geräts eingerastet war und *Hugo*, sich wie ein wildes Tier drehend und aufbäumend, nach oben kam. Wenn Martin es sinken ließ, fiel der Schlamm davon runter, so daß wir gar nichts mehr sahen. Hier hatten wir nun ein widerstrebendes Wildpferd am Ende unseres Lassos und einen blinden Cowboy, der es zu zähmen versuchte. Wir konnten nichts anderes tun, als *Hugo* mit dem Haken am Rahmen hochzuziehen und abzuwarten.

Das Hochziehen war haarsträubend. Zweimal beobachtete ich voller Entsetzen auf den Bildschirmen, wie

Vom Heldenkäfig aus befestige ich Haken und Seil an *Hugo*.

(links) *Hugo* taucht schäumend an der Oberfläche auf, doch Sekunden später entwischt uns JASON.

(oben) Die Zodiak-Mannschaft verfolgt JASON.

der Greifhaken sich bei einer Abwärtsbewegung des Schiffs freimachte und dann auf wundersame Weise wieder in *Hugos* Rahmen einklinkte, als das Schiff auf den nächsten Wellenkamm stieg. Mir lief es kalt den Rücken hinunter, wenn ich daran dachte, daß bei jeder starken Spannung das Kabel womöglich weit über seine Reißfestigkeit auf Zug beansprucht wurde. Das gleiche Kabel war bereits gerissen, als es nur *Hugo* und JASON aushalten mußte, hatte nun aber gleich drei Fahrzeuge im Schlepp. Langsam, aber sicher, erschienen *Medea* und ihre kostbare Fracht jedoch nach einer halben Stunde an der Oberfläche. Es kam uns wie eine Ewigkeit vor.

Ich stand mit der Decksmannschaft am Decküberhang, als *Medea* an der Oberfläche auftauchte und am A-Rahmen aus dem Wasser gezogen wurde und wegen des Schlingerns gefährlich hin und her schaukelte. Dann sahen wir *Hugo,* der sich im Wasser immer noch wie ein wildes, ungezähmtes Tier gebärdete. Ich stürzte zum „Heldeneimer", einem kleinen Käfig, der am Heck herunterbaumelte und mit dem ich nahe genug an *Hugo* herankam, ohne daß ich ins Meer fiel.

„Gebt mir ein Seil", schrie ich, als die Wellen mich überspülten. Irgendwie schaffte ich es, einen Haken an *Hugos* Zaumzeug festzumachen und das Seil damit zu verknüpfen. Kurz darauf hatten wir das Fahrzeug sicher an der Rumpfseite befestigt.

Doch kaum war *Hugo* heil aus dem Wasser heraus, brach JASON, der im Innern von *Hugo* wie eine zwei Tonnen schwere Kegelkugel hin und her rollte, aus seinem Käfig aus und verschwand unter dem Schiff.

„Sofort das **Zodiak** zu Wasser lassen", brüllte ich der Schiffsmannschaft in meiner Nähe zu und stürzte auf das aufblasbare Schlauchboot zu, das **mittschiffs** festgezurrt war. Ich weiß immer noch nicht, wie wir Zodiak bei diesem starken Wind zu Wasser gelassen haben, wobei die See uns immer wieder gegen den Rumpf drückte. Dann wollte der Motor nicht anspringen, so daß wir hektisch zu JASON rudern mußten, der inzwischen wieder an der Oberfläche aufgetaucht war. Schließlich konnte ich einen Haken und ein Seil an JASON befestigen, und wir holten ihn sicher und heil ein.

Zum Ausruhen blieb uns allerdings keine Zeit. In weniger als vierundzwanzig Stunden sollten wir mit unserer ersten Sendung beginnen, und wir hatten noch ein gutes Stück Mittelmeer zu bewältigen, bevor wir mit unseren Fernsehdirektübertragungen zur anderen Seite des Atlantischen Ozeans beginnen konnten.

Live vom Marsili Seamount

„Hallo, ich bin Bob Ballard. Wir befinden uns in einem besonderen Kontrollraum an Bord des Forschungsschiffes *Star Hercules.* In den nächsten neunzig Minuten möchten wir Ihnen Gelegenheit geben, an dem aufregenden Unterwasserabenteuer teilzunehmen, bei dem wir unser hochentwickeltes Robotersystem einsetzen. Doch bevor wir mit unserer Entdeckungsreise beginnen, lassen Sie mich Ihnen zeigen, wo genau wir uns befinden . . ."

Es war der fünfte Tag unserer Direktübertragungen vom Marsili Seamount aus, mit jeweils sechs Stunden Sendedauer pro Tag, und dies war unsere 27. Sendung. Unsere erste Übertragung war etwas wacklig ausgefallen, doch inzwischen hatten meine Kollegen und ich kapiert, wie die Sache lief, da Tausende von Schülern zu Hause gespannt darauf warteten, mit uns die Tiefseebiologie und Geologie des Gebiets zu erkunden.

Der Marsili Seamount ist ein aktiver Unterwasservulkan. Könnte man ihn vom Boden aus in einiger Entfernung betrachten, so wäre er mit seinen steilen Hängen und seinem spitzen Gipfel von einem Vulkan an Land kaum zu unterscheiden. Wir fanden Beweise für Unterwassereruptionen – Formationen, die als Lavakissen bekannt sind und entstehen, wenn das flüssige Gestein oder die Lava beim Kontakt mit kaltem Meereswasser plötzlich abkühlt.

Doch der aufregendste Beweis dafür, daß der Vulkan noch sehr aktiv war, lag in unserer Entdeckung der **hydrothermischen Öffnungen** oder heißen Quellen auf dem Meeresboden – die ersten, die je im Mittelmeer entdeckt wurden.

Martin Bowen, der Pilot von JASON, und Dana Yoerger, der Steuermann der *Star Hercules,* kutschierten ihre jeweiligen Fahrzeuge so, daß JASONs Halteseil nie in Gefahr geriet, sich mit einem der hervorspringenden Vulkanschlote zu verheddern, die diese tückische Landschaft sprenkelten. In einer Tiefe von etwa 300 Metern erkundeten wir einen Teil des Marsili-Gipfels, der mit zerklüfteten Schloten, die aus heißen Quellen entstanden waren, übersät war.

„Wir bewegen uns auf ziemlich rauhem Gebiet", kommentierte Martin gespannt, als JASONs Videoka-

Die Mannschaft des Projektes JASON bereitet unsere erste Fernsehdirektübertragung vor.

(oben) Während JASON am Marsili Seamount die durch heiße Quellen entstandenen Mineralablagerungen untersucht, gerät ein **(innen oben)** großer Fisch in sein Scheinwerferlicht und **(innen unten)** gelbe Seeanemonen auf verästelten Korallen.

meras ein grünes und goldenes Gestein fast zu berühren schienen.

„Sieh mal da!" rief Dana aus. „Da ist ja schimmerndes Wasser!" Deutlich war auf dem Bildschirm eine Wolke heißen Wassers zu erkennen, die sich aus der Schlotöffnung ins kalte Wasser am Meeresboden ergoß.

Und all dies wurde direkt übertragen. Was wir im Kontrollraum sahen, erlebte unser Fernsehpublikum in Nordamerika mit. Während Martin, Bob Elder, der Pilot der *Medea,* und Dana versuchten, JASON nahe genug an den heißen Wasserstrom heranzuführen, erklärte ich unseren Zuschauern, wie sich die Vulkanschlote gebildet hatten.

„Meereswasser sickert in die Risse im Vulkan ein, und wenn es in die Nähe der Magmakammer kommt, wird es superheiß und nimmt große Mengen Mineralien auf. Wenn dieses mineralreiche Wasser sich dann durch einen Schlot verflüchtigt, kommt es mit dem kalten Wasser am Meeresboden in Berührung, und die abgekühlten Mineralablagerungen formen diese hohen, kaminartigen Gebilde. Das aus den Vulkanschloten strömende Wasser ist bei weitem nicht so heiß, wie es war, als es sich gebildet hatte."

An diesem Programmpunkt angelangt, wandte ich mich von dem Geschehnis am Meeresboden ab und den Zuschauern zu, um einige ihrer Fragen zu beantworten. Viele Fernsehzuschauer wollten etwas zur **Fernsehpräsenz** wissen — was das ist und wie es funktioniert. Dies war eine Frage, auf die ich nur zu gerne antwortete, da mit der Fernsehpräsenz einer meiner Träume Gestalt angenommen hatte.

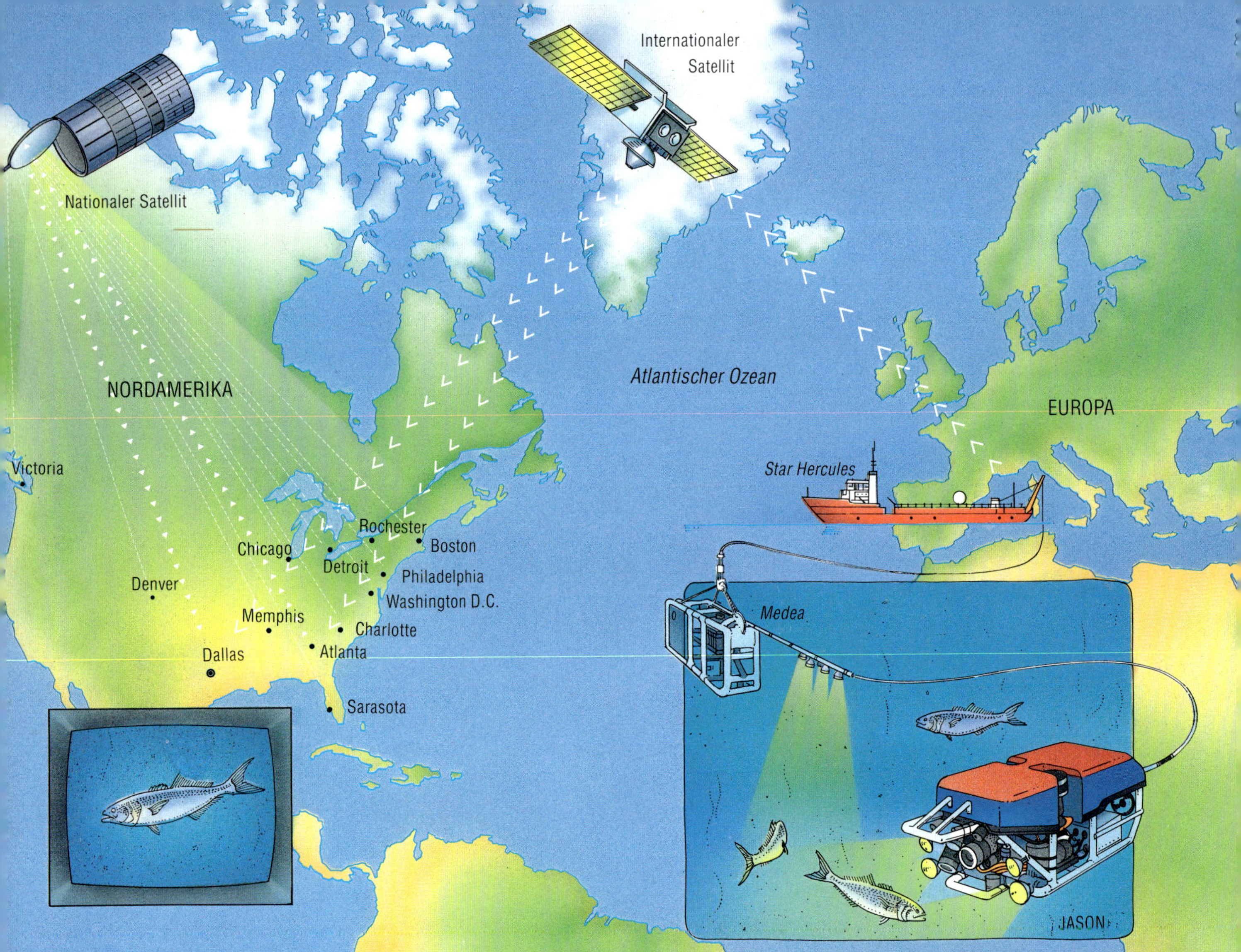

Direktübertragungen vom Meeresboden.

Was JASON mit seinen Videoaugen sieht, wird über sein Haltekabel an *Medea* übertragen. *Medea* wiederum schickt dieses Signal über ihr Schleppseil an Deck. Sowohl Haltekabel wie Schleppseil bestehen aus bündelartig zusammengefaßten Glasfasern, so dünn wie Menschenhaar **(innen)**, die kleinste Lichtstrahlen weiterleiten — mikroskopische Laserstrahlen, die Informationen transportieren, die von unseren Computern in Bilder umgewandelt werden.
Einen Sekundenbruchteil, nachdem das Bild JASON verlassen hat, erscheint es im Kontrollraum. Danach werden die Signale nebenan im Produktionsraum, der als Fernsehsenderaum ausgerüstet ist, weiterverarbeitet. Die Bildsignale gelangen dann zu einer Antenne am Schiffsheck und werden an einen internationalen Satelliten gesendet, der in 35 000 km Höhe über der Erde kreist.

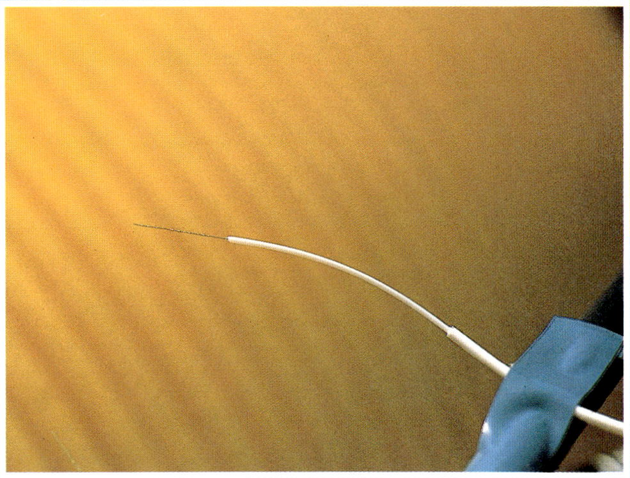

Ein Antwortsender des Satelliten überträgt die Signale wieder zur Erde zurück, wo sie vom Turner Broadcasting System Inc. in Atlanta (Georgia, USA) und vom EDS Information Management Center in Dallas (Texas, USA) empfangen werden. Bei Turner Broadcasting fügt eine Produktionsmannschaft Titel und aufgezeichnetes Material hinzu. Von einem mobilen Sendewagen aus gelangt das Programm zu einem landesweit abstrahlenden Satelliten, der die Signale an die Museen im JASON-Empfangsverbund schickt. Für diese etwa 140 000 km lange Strecke benötigen die Signale kaum mehr als eine halbe Sekunde.

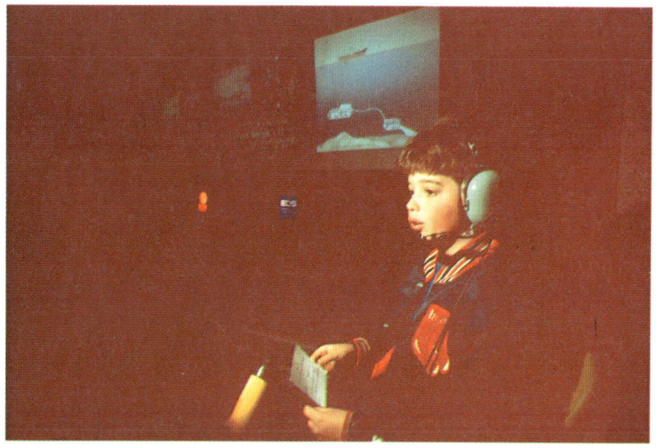

(links) Fernsehen vom Kontrollraum aus

(ganz oben) Dank unserer Satellitenverbindung können Schüler mich sogar während der laufenden Sendung über das Projekt JASON befragen.

(oben) Ein Nachbau unseres Kontrollraums an Deck war in jedem der zugeschalteten Museen zu sehen.

„Fernsehpräsenz oder das »Dabeisein dank Fernsehen« ist eine Technologie, die mir an Bord meines Forschungsschiffes und Ihnen an den Tausenden von Kilometern entfernten Fernsehern in den Museen das Gefühl vermittelt, in einem Tauchboot am Meeresboden zu sein. JASON und *Medea* übertragen über Glasfaserkabel vom Meeresboden aus Bilder an Deck, die dann über Satellit zu Ihnen geschickt werden. In nicht allzu ferner Zukunft ist es möglich, daß Sie gemütlich zu Hause sitzen und mit uns die tiefsten Ozeane erkunden.

Vielleicht können Sie dank einer ähnlichen Technologie eines schönen Tages den Planeten Mars besuchen, ohne je einen Fuß vor Ihre Tür zu setzen. Im Moment aber können dank dieser Technologie Wissenschaftler am Ozeanographischen Institut von Woods Hole oder in anderen Forschungseinrichtungen an unseren Expeditionen teilnehmen, ohne ihr Labor zu verlassen. Sie können die Daten auswerten, die wir sammeln, und das Ergebnis ihrer Analysen an uns zurückschicken. Auf diese Weise kommen wir zu einer großen Mannschaft aus Wissenschaftlern, Archäologen, Biologen, Geologen, die an unserer Reise teilnehmen, ohne daß wir sie an Deck beköstigen oder in einer Koje unterbringen müßten. Dank dieser Technologie wird die **Ozeanographie** viel ergiebiger und weniger kostspielig."

Bald darauf, nachdem ich noch einige Fragen beantwortet hatte, mußten wir leider unsere Übertragung beenden. Denn nur zwanzig Minuten später sollte schon die nächste Sendung beginnen. Dann würden wieder 5000 Schüler bei unserer Direktübertragung dabeisein, wenn wir die Geologie und Biologie am Marsili Seamount auf dem Boden des Tyrrhenischen Meeres erkundeten.

Von Karthago nach Hause · 355 n. Ch.

„Hauptsegel reffen! Klarmachen zum Anlegen!" Alles auf der *Isis* wieselte vor Geschäftigkeit, als die Matrosen den Mast hinaufkletterten oder die Vertäuung aufschossen. Geschickt führte der Steuermann das Schiff zwischen den vielen kleinen **Skiffs** und Fischerbooten hindurch, die im Hafen von Karthago dümpelten. Dann brachte er sie langsam an die Piermauer heran, wo dann die Taue an Land geworfen und festgemacht wurden.

Antonius beobachtete all diese Tätigkeiten von seinem angestammten Platz am Bug aus. Er wollte alles auf einmal in sich aufnehmen. Das Stimmengewirr von den Kais schwirrte bis an sein Ohr, es herrschte ein geschäftiges Treiben: Hunderte Sklaven be- und entluden die Boote. Mehrere muskulöse Männer beförderten eine große, leuchtende Marmorplatte. Hafenangestellte zählten die Amphoren der eingelaufenen Schiffe und trugen das Ergebnis in ihre Eingangsbücher ein. Dunkelhäutige Fischer saßen auf den Kais und besserten selbstvergessen ihre Netze aus. Eine Zenturie römischer Soldaten marschierte müde vorüber.

Im Hintergrund schimmerten die mit roten Dachpfannen gedeckten Dächer der afrikanischen Stadt in der heißen Nachmittagssonne. Antonius konnte die edlen weißen Säulen des **Serapis**-Tempels auf einem Hügel sehen. Und er erhaschte einen flüchtigen Blick vom Amphitheater, das zwar nicht so groß wie das Kolosseum in Rom war, doch immer noch beeindruckend genug und vom Zirkus, wo die Pferderennen stattfanden. Die große Universität lag weit entfernt. Syra quetschte sich zwischen Antonius und ihren Nachbarn, um die **Basilika** des Heiligen **Cyprianus** zu sehen, wo sie beten wollte.

Claudia neckte sie ständig mit ihrem neuen christlichen Glauben, hatte jedoch versprochen, ihr dabei behilflich zu sein, den Weg zu dieser berühmten Kirche zu finden.

Die Sklaven würden noch den ganzen Tag lang damit beschäftigt sein, die Amphoren seines Vaters zu entladen. Das bedeutete, es gab genug freie Zeit zur Erkundung der Stadt. Antonius lief zu Fabius und Claudia hin, die nahe am **Fallreep** standen.

Das süße Leben im Römischen Reich

Die Thermen, die öffentlichen Badehäuser, gehörten in der Antike zum römischen Alltag. Die Menschen badeten dort nicht nur, sondern trafen sich auch mit Freunden und unterhielten sich mit ihnen, lasen und besuchten Konzerte oder Diskussionsveranstaltungen. In den Thermen gab es Schwimmbecken sowie Plätze zum Ringen, zum Trainieren und zum Ballspielen. Oft waren die Baderäume mit prächtigen Mosaiken und Skulpturen ausgeschmückt. Der Mosaikboden **(rechts)** kann noch heute in den „Thermen der Sieben Weisen" in Ostia besichtigt werden.
Wer baden wollte, brachte sein eigenes Handtuch aus Leinen mit sowie Öl und einen „Striegel". Gewöhnlich nahm man seinen Sklaven mit, damit er auf die Kleidung aufpaßte sowie beim Baden, Bürsten und Massieren half.
Die Thermen verfügten über ein ausgeklügeltes Heizungssystem. Ein Sklave verfeuerte Holzkohle in einem Ofen, der Wassertanks erwärmte, und dieses Warmwasser wurde über eine Rohrleitung in die einzelnen Räume gepumpt. Der Ofen sorgte auch für die Verteilung von Warmluft über das **Hypokaustum**, ein System von Tonrohren unter den Hohlräumen der Fußböden. Die Fußböden wurden von kleinen Backsteinsäulen getragen **(gegenüberliegende Seite)**.

Fabius feilscht mit dem Weinhändler Gildo aus Karthago im luxuriös ausgestatteten *caldarium* oder Warmwasserbad.

„Ich meine, Antonius sollte mit mir kommen", sagte Claudia gerade. „Von einem Spaziergang in der Stadt hat er viel mehr als vom Einweichen in deinen blöden **Thermen** oder dem **Kegeln!**"

„Aber in den Thermen werden viele Geschäfte abgeschlossen", erwiderte Fabius. „Und dort treffen wir wahrscheinlich alle Leute, die in Karthago von Bedeutung sind. Jetzt, wo er ein Mann ist, muß Antonius auch die Verantwortung eines Mannes übernehmen. Deshalb sollte er mit mir kommen."

„Wenn er solch ein Mann ist, wie du behauptest, dann laß *ihn* doch entscheiden", gab Tante Claudia spitz zurück. „Was möchtest *du* am liebsten machen, Antonius?"

Antonius sah seine Tante an, dann seinen Vater, der seine Stirn in Falten gelegt hatte. Nur zu gerne hätte er die Sehenswürdigkeiten der Stadt besichtigt, aber er wollte seinen Vater beeindrucken.

„Ich möchte mit Vater gehen", antwortete er schließlich. „Tante Claudia, vielleicht können wir später zusammen zum Tempel gehen — und ins Amphitheater."

„Schon gut", sagte Claudia und wandte ihm brüsk den Rücken zu, als sie nach Syra Ausschau hielt. „Ich möchte einkaufen gehen, und in Karthago gibt es einen der schönsten Märkte Afrikas. Syra! Wo steckt dieses Mädchen denn schon wieder? Hol mir meinen Geldbeutel und meinen Fächer!"

Antonius kam sich sehr erwachsen vor, als er an der Seite seines Vaters über die Kais zu den Antonius-Thermen schritt, die direkt am Hafen lagen. Sie waren so groß wie die Thermen in Rom, und sein Vater hatte ihm erzählt, daß es dort herrliche Mosaiken zu sehen gab.

„Möchtest du Gewichte heben gehen?" fragte Antonius seinen Vater, als sie durch den Torbogen am Eingang traten und zum Auskleideraum unterwegs waren. In den Thermen in Rom übte sich Fabius nämlich im Gewichtheben.

„Nein, für diese Übungen bin ich zu müde. Übrigens weiß ich, wo ich den Händler treffen kann, der mir versprochen hat, meinen Wein abzukaufen. Da es schon Nachmittag ist, sitzt Gildo bestimmt schon im **Kaldarium** und schwitzt."

Fabius hatte Antonius darauf vorbereitet, daß Gildo dick war, doch einen solchen glänzenden Fleischberg wie den, der selig im dampfenden Wasser saß, hatte der Junge nicht erwartet. Der Händler aus Karthago hielt die Augen geschlossen, seine Arme verschränkt, und auf seinem Gesicht lag ein beinahe verträumtes Lächeln.

„Nur ein reicher Mann kann es sich leisten, so viel zu essen und so wenig zu arbeiten", raunte Fabius seinem Sohn zu und fuhr lauter fort: „Grüß Euch, Gildo. Mögen die Götter Euren Geschäften freundlich gesonnen sein und Euren Wohlstand tausendfach mehren!"

Gildo öffnete langsam die Augen, und sein verträumtes Lächeln zerfloß zu einem breiten Grinsen. „Fabius, alter Narr", sagte er lachend. „Nie im Leben hätte ich gedacht, daß Ihr noch in dieser Jahreszeit eine Reise riskiert. Das bringt Euch ein Vermögen ein."

Die beiden Freunde waren bald in ein Gespräch vertieft, erkundigten sich gegenseitig nach dem Wohlergehen der Familie, berichteten vom Auf und Ab der Geschäfte und amüsierten sich über gemeinsame Erlebnisse aus der Vergangenheit. Als sie jedoch zum Feilschen kamen, nahmen beide eine sehr ernsthafte Miene an.

„Ich kann unmöglich weniger als 8000 **nummi** pro Amphore akzeptieren", sagte Fabius protestierend. „Es ist der beste Wein aus dem **Latium,** und ich versichere Euch, daß es die letzte Ladung Wein ist, die Ihr in diesem Jahr in Karthago bekommen könnt."

„Selbst dann nicht", erwiderte Gildo unnachgiebig, „denn meine Keller sind gut gefüllt. Ich gebe Euch 6000 nummi und keinen nummus mehr."

Die Verhandlung wurde in diesem Ton fortgesetzt, bis beide sich auf einen Preis von 7000 nummi geeinigt hatten. Dann besiegelten sie ihre Abmachung per Handschlag und verabredeten sich für später in Gildos Laden am Markt. Bald darauf lachten sie wieder und ergingen sich in gemeinsamen Erinnerungen, als hätten sie vorher nie hart miteinander gefeilscht.

Als Fabius und Antonius die Hitze nicht mehr länger ertragen konnten, ließen sie Gildo allein weiter schwitzen und gingen ins **Frigidarium,** wo sie sich im Kaltwasserbecken abkühlten. Danach rieben sie sich mit Öl ein und bürsteten sich mit einem **Striegel** sauber. Angeregt und in gehobener Stimmung machten sie sich dann auf den Weg, um Claudia zu treffen.

Nach der relativen Abgeschiedenheit der Thermen kam ihnen der Markt wie ein wirrer Wirbel aus Ansichten, Gerüchen und Betriebsamkeit vor. Überall gab es Menschen, viele unter ihnen waren merkwürdig gewandet und sprachen weder Latein noch Griechisch, sondern einen der vielen Dialekte der einheimischen **Berber** und Punisch — die Sprache der alten **Phönizier.** Eine Berberfrau mit einem tiefblauen Schal um den Kopf schmorte würzig riechendes Fleisch auf einem Blech. Eine Menschentraube hatte sich um einen Jongleur geschart, der drei goldene Bälle zugleich in der Luft herumwirbelte. Ein Bauer verkaufte Eier und Hühner von seinem Karren herunter. Ein anderer hatte einen Stand mit Kohl, Rüben und Melonen. Schwarze Sklaven gab es überall — einige kauften Lebensmittel fürs Abendessen ein, andere füllten am öffentlichen Brunnen ihre Krüge mit Wasser, die sie dann anmutig auf dem Kopf balancierten. In einem runden Gebäude in der Mitte des Marktes starrten frisch gefangene Fische die Kundschaft reihenweise aus glasigen Augen an. Straßenmusikanten wanden sich zwischen den Ständen hindurch und musizierten für Geld auf Flöten und Zymbeln.

Antonius und Fabius schlenderten von Stand zu Stand, bewunderten die feilgebotenen Waren und probierten hin und wieder davon. „Ich weiß, wo wir deine Tante finden", sagte Fabius schließlich, als er Antonius beim Arm packte. „Und zwar beim Kleiderhändler. Claudia hat mir versprochen, etwas von dem feinen Tuch zu erstehen, das über die Handelsstraßen von Leptis Magna kommt. In Rom kann man einen hohen Preis dafür verlangen."

Gerade als Fabius zu Ende gesprochen hatte, streifte jemand an seiner Seite vorbei und machte sich in der Menge auf und davon. Reflexartig tastete Fabius nach seinem Geldbeutel, der immer an seinem Gürtel baumelte. Er war weg.

„Haltet den Dieb!" brüllte er. „Dieser Mann hat mich bestohlen!"

Ohne zu zögern, nahm Antonius die Verfolgung auf. Der Dieb trug einen weißen Turban, und Antonius konnte ihn vor sich in der Menge auf und ab hüpfen sehen. Bald war das Gedränge lichter geworden, und er mußte so schnell sprinten, wie er konnte, um den Turban einzuholen. Dann sah er, daß der Turban in eine Seitenstraße abgebogen war. Dort gab es nur noch sehr wenige Leute, und die Straßen wurden schmaler, je tiefer der Dieb Antonius in immer verwinkeltere und abgelegenere Gassen lockte. Dann verschwand der Turban in einer engen Sackgasse. Als Antonius dort ankam, war sie vollkommen menschenleer. Langsam ging er dort weiter und versuchte, hinter die Fensterläden zu spähen, bis er am Ende angelangt war. Der Turban aber war und blieb verschwunden.

Antonius fluchte leise vor sich hin und machte sich auf den Weg zurück zum Markt. Jetzt, da er nicht mehr lief, erkannte er, daß er von riesigen, abstoßenden Speichern umgeben war.

Antonius dämmerte, daß er sich verlaufen hatte. Nach jeder Ecke sah er sich einer Straße gegenüber, durch die er nicht gelaufen war. Und die wenigen Menschen, die ihm begegneten, verstanden entweder kein Latein oder hatten Angst, ihm zu antworten. Langsam machte er sich Sorgen. Sein Vater hatte ihn darauf hingewiesen, daß viele Menschen in Karthago gegen die Herrschaft Roms aufbegehrten. Wie würden sich diese

An einem Stand auf dem belebten Markt von Karthago probieren Fabius und Antonius eine *garum*-Sorte, da sie vorhaben, welches für Rom einzukaufen.

Menschen einem römischen Jungen gegenüber verhalten, der sich verlaufen hatte? Er dachte an seinen Vater und an seine Tante. Womöglich waren sie verzweifelt. Noch vor wenigen Stunden hatte er sich wie ein ganzer Mann gefühlt, der seinem Vater beim Geschäftemachen eine Stütze war. Doch jetzt kam er sich sehr klein und ängstlich vor.

Plötzlich vernahm er in einiger Entfernung die Schreie einer Menschenmenge und den Klang von Trompeten. Was war da los? Dann fiel es ihm wie Schuppen von den Augen. Die Spiele! An den Thermen hatte er die Plakate gelesen:

Zur Feier des Festtages
kämpfen Gladiatoren und Venatoren
der Schule von Alexandria.
Die Sonnensegel werden gesetzt,
und Parfüm wird versprüht.

Antonius orientierte sich an den Rufen zur Menge hin. Schaffte er es, zum Amphitheater zu gelangen, dessen war er sich sicher, so konnte er auch den Weg zurück zu den Kais finden. Zudem gab es dort römische **Legionäre** und andere Leute seiner Sprache. Als der Lärm der Menge immer lauter wurde, begann er zu laufen.

Antonius rannte so sehr, daß er frontal mit einem römischen Legionär zusammenstieß, der ihn mit seinem Haltegriff an der Schulter festhielt.

„Wohin willst du so schnell, Bursche?" fragte der Soldat ihn streng. „Vielleicht hast du heute auf dem Markt zufällig den Geldbeutel des römischen Händlers gestohlen, wie?"

Antonius keuchte so stark, daß er nicht mal zu antworten vermochte. Als er nach Luft schnappte, bemerkte er, daß er sich nahe beim Eingang zum Amphitheater befand. Einige verspätete Zuschauer eilten zu ihren Sitzplätzen. Die anderen Menschen auf dem Vorplatz waren müßig herumstehende römische Soldaten.

Gerade als Antonius zu sprechen ansetzen wollte, beanspruchte irgend etwas die Aufmerksamkeit der Legionäre und auch die jenes Soldaten, der ihn immer noch mit ziemlich festem Griff gepackt hielt.

Antonius versuchte zu sehen, was dort vor sich ging. Ein Zug Legionäre eskortierte eine Gruppe aus Beamten mit ihren Frauen über den Vorplatz. Sklaven mit breiten Sonnensegeln beschirmten die Würdenträger vor der fast unerträglichen Hitze der brennenden Nachmittagssonne.

Antonius schielte hinüber. Dann schrie er krächzend: „Aurelius. Aurelius. Ich bin's, Antonius!"

„Halt's Maul, Knabe, oder ich nehm dich in die Mangel." Der Griff des Legionärs schnürte ihm noch mehr die Kehle zu.

Dann löste sich eine vertraute, große Gestalt aus der Gruppe der Würdenträger und kam auf ihn zugeschritten.

„**Jupiter** sei Dank", rief Aurelius aus. „Es ist wirklich Fabius' Sohn, den er als tot aufgegeben hatte. Geht's dir gut?"

Antonius nickte, so gut er konnte, und der Legionär lockerte endlich seinen Griff. Noch nie zuvor in seinem Leben war Antonius so glücklich gewesen wie in jenem Moment, als er diesen ruhigen römischen Beamten erblickt hatte, der von Ostia aus mit ihnen gesegelt war.

„Soldat", befahl Aurelius, „lauf sofort zum Kai zu dem Schiff, das unter dem Namen *Isis* bekannt ist und bei den Antonius-Thermen festgemacht hat. Berichte dem Händler Fabius, daß sich sein Sohn wohlauf und mit mir zusammen bei den Spielen befindet."

„Jawohl, Herr", antwortete der Legionär demütig.

Alles ging so schnell vonstatten, daß Antonius sich benommen fühlte. Vor kurzem hatte er sich noch in den Seitenstraßen Karthagos verlaufen, und jetzt besuchte er mit Würdeträgern die öffentlichen Spiele.

Er kam sich wie in Watte gepackt vor, als er mit dem Statthalter von Karthago nebst Begleitung zu den besten Plätzen im Amphitheater geleitet wurde.

Ihm wurde ein Sitz neben Aurelius zugewiesen, der weniger an dem interessiert schien, was in der Arena vor sich ging, als vielmehr an der Unterhaltung mit der Frau des Statthalters.

Kaum hatten sie Platz genommen, als die Trompeten das Hauptereignis ankündigten. Das Publikum brach in Begeisterungsrufe aus, als die beiden Kämpfer in die Arena traten und hoffte auf spannende Kämpfe. Einer der Gladiatoren war ein ***retiarius,*** der mit Netz, **Dreizack** und Schwert bewaffnet war. Sein Gegner war ein ***secutor,*** der mit Schild und Schwert kämpfte. Der Kampf sollte so lange dauern, bis einer sich schließlich ergab.

Ein Raunen wogte durch die Arena, als der Kampf begann und die beiden Gladiatoren sich langsam umkreisten, um sich in eine günstige Ausgangsposition zu manövrieren.

Plötzlich schwang der *retiarius* sein Netz und warf es über seinen Gegner. Wäre es wirklich auf dem *secutor* gelandet, er wäre ohne Chancen gewesen. Stattdessen

Gladiatoren in der Arena

Gladiatoren waren gewöhnlich Sklaven, Kriegsgefangene oder Verbrecher. Sie wurden in Schulen ausgebildet, die Gefängnissen ähnelten. Dort lernten sie, mit verschiedenen Waffen zu kämpfen und nahmen an Gymnastikübungen zur Körperertüchtigung teil. Hatte ein Gladiator einen Kampf gewonnen, so erhielt er Geld. Manchmal wurde ein Gladiator so wohlhabend und berühmt, daß er sich freikaufen konnte.

Neben den Kämpfen zwischen bewaffneten Gladiatoren gab es auch blutrünstige Kämpfe zwischen Mensch und Raubtier **(oben rechts).** Zu den grausamsten gehörten sicherlich jene Schauspiele, in denen ein unbewaffneter Kämpfer gegen einen ausgehungerten Leoparden oder Löwen in die Arena geschickt wurde.

Überall im Römischen Reich entstanden riesige Arenen für die Spiele. Im Kolosseum in Rom gab es etwa 48 000 Sitz- und 4000 bis 5000 Stehplätze. In den Untergeschossen waren die Kammern

(ganz rechts), in denen die Gladiatoren auf ihren Einsatz warteten und die Raubtiere in Käfigen gehalten wurden, bis sie über ein Aufzugsystem auf die Höhe des Kampfplatzes gebracht wurden.

In der Arena fanden auch große Tierhetzen statt, und bei einer wurden 5000 Tiere getötet. Für diese fingierten Jagden fing man überall im Römischen Reich Löwen, Tiger, Leoparden, Panther, Stiere, Nashörner, Nilpferde, Bären und Elefanten, die per Schiff nach Rom verfrachtet wurden.

Ein *retiarius* und ein *secutor* beim Kampf. Der *retiarius* hat sein Netz geworfen, ohne seinen Gegner darin verstricken zu können. Ohne Deckung kämpft er nun gegen den *secutor*, der hinter seinem Schild gut geschützt ist.

verfehlte es ihn knapp und erfaßte kurz dessen Schwertspitze.

Nun blieben dem *retiarius* nur noch sein Dreizack und sein Schwert. Er rannte weg, als der *secutor* Anstalten machte, ihn zu verfolgen, drehte sich alle paar Sekunden um und versuchte, auf seinen Verfolger einzustechen. Doch der *secutor* wehrte jeden Hieb mit seinem Schild ab. Das Publikum brach in wüstes Gelächter und Beschimpfungen aus.

Es sah ganz danach aus, als würde der *retiarius* ein böses Ende nehmen. Je mehr er rannte, um so mehr ermüdete ihn die stechende Sonne. Auf einmal strauchelte er und fiel hin. Das Publikum sprang von den Sitzen auf. „Gib's ihm", schrien einige Zuschauer. Nun lachte niemand mehr. Doch der *retiarius* brachte irgendwie noch die Energie auf, dem tödlichen Stoß auszuweichen. Während er sich auf dem Boden wälzte, versetzte er dem Bein des *secutors* einen Hieb. Die Menge raunte zustimmend.

Als der *secutor* weghumpelte, hob der *retiarius* einen Finger in die Höhe, um vom Publikum Gnade zu erbitten. Überall im Rund lüpften die Menschen ihr Taschentuch und wedelten damit unter Beifallrufen wie verrückt in der Luft herum.

Der *retiarius* war ein allseits beliebter Kämpfer und hatte es nur dem wohlwollenden Publikum zu verdanken, daß er diesmal wenigstens noch mit dem Leben davongekommen war.

Antonius atmete tief durch. Er mochte es überhaupt nie, wenn im Kolosseum zu Rom ein Gladiator getötet wurde. Manchmal hatte er danach einen Alptraum, in dem er ein *venator* war, den ein Löwe verschlang. Der Traum endete immer damit, daß eine Blutspur den hartgestampften Boden überzog.

★ ★ ★

Antonius notierte mit einem frisch gespitzten **Stilus** auf eine Wachstafel jedes einzelne Stück Fracht, das an Bord der *Isis* getragen wurde. Dies war die verantwortungsvollste Aufgabe, die sein Vater ihm je übertragen hatte — ein deutliches Anzeichen dafür, daß sein Vater ihm die leichtsinnige und erfolglose Jagd nach dem Dieb verziehen hatte.

„Nächstes Mal denkst du nach, bevor du dich in einer fremden Stadt in eine fremde Menschenmenge stürzt", hatte sein Vater ihm gesagt und ihn zurechtgewiesen. Doch er wußte, daß sein Vater insgeheim mehr erleichtert als verärgert war. Zudem hatte seine Tante Claudia ihn danach umarmt und abgeküßt, als ob er noch ein kleiner Junge wäre.

Fabius hatte das Geld, das Gildo ihm für den Wein gezahlt hatte, gut angelegt. Dafür hatte er, nach sorgfältigem Probieren der verschiedenen Sorten, 500 Amphoren *garum* gekauft, 1000 Sack Getreide und fünfzig große Tafeln gelben Marmors aus den numidischen Steinbrüchen von Chemtou, für die man in Rom unglaublich hohe Preise erzielen konnte.

Als die schwere Fracht an Bord war, inbegriffen die 4000 Amphoren mit Olivenöl, die Aurelius erworben hatte, brachten die Sklaven noch Ballen mit Elfenbein und Ebenholz herbei, die über die Karawanenstraße aus Leptis Magna nach Karthago gelangt waren. Dann brachten sie noch Kisten voll roter Haushaltswaren aus Ton — Gefäße, Lampen, Tassen und Schalen — an Bord, die Tante Claudia sorgfältig ausgesucht hatte. Darunter befand sich sogar eine Terrakotta-Statue der Venus, die sie bei einem Zwischenstop auf ihrer Heimreise nach Ostia der Göttin auf dem Berg Eryx opfern wollte. Claudia war besonders erfolgreich bei ihrem Besuch des Textilhändlers gewesen, von dem sie gewebte Teppiche, Tuchballen, Decken und Kissen erworben hatte. Auch hatte sie herrliche Ohrringe aus Gold für seine Schwester Julia und ein Halsband für seine Mutter gekauft.

Fracht der *Isis*

Im Hafen von Karthago beladen Sklaven die *Isis* mit Waren, die nach Rom verfrachtet werden.
1. Säcke mit afrikanischem Getreide
2. Elfenbein und Ebenholz aus dem Innern Afrikas
3. Kisten mit roter Haushaltstöpferware

4. gelbe Marmorplatten zur Dekoration in Städten und Villen
5. Amphoren mit Olivenöl und mit *garum* feinster Qualität
6. Bündel mit gewebten Teppichen, Kleidern, Kissen sowie Decken mit verschlungenen Mustern und kräftigen Farben
7. ein Leopard im Eisenkäfig, der zu den Spielen nach Italien verschifft wird

Fabius, Antonius, Tante Claudia und Syra nähern sich dem Venus-Tempel auf dem Gipfel des Eryx-Berges.

Zuletzt wurde der Leopard, der wütend knurrte, die Zähne bleckte und mit den Krallen am Käfiggitter zerrte, an Deck und in den Laderaum gebracht. Das war der aufregendste Kauf seines Vaters. Wenn sie in Rom ankamen, bevor die Spiele des Kaisers begannen, würde diese Wildkatze allein soviel Geld einbringen wie fünfhundert Amphoren mit *garum* zusammen. Dieses Raubtier mit der wunderschönen Fellzeichnung und den kräftigen Gliedern war das größte, das Antonius jemals gesehen hatte – er hoffte nur, daß der Käfig dem kräftigen Tier standhielt.

Der Leopard wäre selbst für den besten Gladiator ein gefürchteter Gegner.

Nach einer ereignislosen Fahrt bei klarem Himmel nach dem Ablegen von Karthago legte die *Isis* am darauffolgenden Tag in der sizilianischen Hafenstadt Drepana an. Auf diesen Augenblick hatten die Pilger gewartet, und sie drückten sich gegenseitig und drängelten beim Verlassen des Schiffs, damit sie den Fuß des Berges Eryx erreichen und den Anstieg zum Venus-Tempel noch vor Sonnenuntergang unternehmen konnten. Der Navigator und die übrige Besatzung blieben auf dem Schiff zurück, um auf das Schiff und seine wertvolle Fracht aufzupassen.

Antonius war guter Laune, als er auf dem gewundenen Pfad den Berg hinanstieg. Schon oft hatte er von dem berühmten Tempel in dem Berg Eryx erzählen hören und konnte es kaum erwarten, ihn mit eigenen Augen zu sehen.

Sein Vater, Aurelius und der Kapitän unterhielten sich freundschaftlich auf dem Weg nach oben. Seine Tante, die ebenfalls in bester Stimmung war, ging neben ihm. Die Sklavin Syra folgte ihnen und trug einen Krug mit Wasser, falls es sie dürstete.

Während des Anstiegs erzählte Claudia Antonius von den vielen Tempeln, die sie auf ihren Reisen besucht hatte. „Ich habe sogar den Isis-Tempel in Alexandria besucht," sagte sie ihm. „Sie ist die alte Göttin, die über unser Schiff wacht."

Je höher sie kamen, um so kühler wurde die Luft, und die Sonne neigte sich schon zum Meer. Wolken hingen am Gipfel, und Antonius kam es so vor, als würden sie direkt in den Himmel steigen. Als der Pfad in den Wolken verschwand, wurden die Pilger still. Es erschien ihnen merkwürdig und unheimlich, so hoch über dem Meer im Nebel zu gehen.

Dann traten sie aus den Wolken heraus und kamen am Gipfel an, als die Strahlen der untergehenden Sonne auf die Tempelsäulen fielen und sie in ein goldenes Licht badeten. Vielen Menschen stockte der Atem. Manche fielen ehrfürchtig auf die Knie und beteten sofort zu der Göttin.

Auf den Stufen des Tempels saß eine alte Frau, einen großen hölzernen Käfig voller Tauben neben sich, die sie als Opfertiere verkaufte. Antonius hielt seine Taube fest zwischen den Händen, als er den stillen Tempel betrat. Der süße Duft des Weihrauchs stieg ihm in die Nase als die Pilgergruppe von der *Isis* der Hohepriesterin ihre Opfergaben überreichte. Doch bevor sie die Zeremonie zu Ende vollzogen hatte, entwischte eine der Opfertauben und flog zwischen den Tempelsäulen auf und davon. Das Opfer war mißlungen. Als dies geschah, bemerkte Antonius, daß seine Tante kreidebleich geworden war. Als sie aus dem Tempel ins Dämmerlicht hinaustraten, runzelte seine Tante Claudia die Stirn und grübelte.

Als die Pilger sich im Licht der Fackeln langsam an den Abstieg machten, verfiel die gesamte Gesellschaft in eine düstere Stimmung. Diejenigen, die überhaupt noch Lust zum Reden hatten, unterhielten sich flüsternd. Antonius löste sich von seiner Tante und holte seinen Vater mit dem Kapitän ein.

„Venus hat bisher immer ihre schützende Hand über die Seeleute gehalten", sagte der Kapitän, „und das mißlungene Opfer sagt mir, daß sich ein Sturm zusammenbraut. Deshalb ist es wohl am besten, wenn wir die Küste entlang nach Ostia zurücksegeln."

„Ihr seid zwar ein alter Freund, doch etwas zu schüchtern", erwiderte Fabius ihm. „Das dauert doch ein paar Tage länger. Dann sind die Spiele des Kaisers vorbei, und bis zum Beginn der Frühjahrsspiele kann der Leopard längst verendet sein."

„Ihr werdet Rom womöglich nicht wiedersehen, wenn wir der Venus keine Beachtung schenken", antwortete der Kapitän verärgert.

Antonius erinnerte sich an die Unterredung zwischen Fabius und dem Kapitän der *Isis,* die er in der Nacht vor ihrer Abreise von Ostia belauscht hatte.

„Wenn Ihr nicht, wie besprochen, geradewegs auf Ostia zu segelt, zahle ich Euch Eure Heuer nicht und will Euch nie wieder anheuern", erwiderte Fabius, seine Stimme hebend.

Darauf sagte der Kapitän nichts mehr, und die beiden Männer setzten den Abstieg in frostigem Schweigen fort.

★ ★ ★

Sosehr sich Antonius auch bemühte, es gelang ihm nicht, seine Tante Claudia aufzuheitern. Die Sonne schien hell, die *Isis* schnitt schön durch das leuchtend blaue Wasser, nachdem sie in Drepana abgelegt hatte, doch Claudia saß unglücklich an Deck, die Bündel mit ihren Kleidern und Geschenken, die sie auf dem Markt in Karthago erstanden hatte, um sich geschart. Sie schnauzte nicht einmal Syra an. Sie stierte nur in die Luft.

Antonius ließ sie allein, um nachzusehen, was sich am Heck tat. Dort blieb er aber nicht lange. Jedem, der ihm über den Weg lief, bellte der Kapitän seine Befehle entgegen. Offensichtlich hatte Fabius sich durchgesetzt. Als die *Isis* ins offene Gewässer des Tyrrhenischen Meeres gelangte, verschwand die Küste Siziliens in der Ferne. Wenn alles nach Plan verlief, konnten sie am nächsten Tag in Ostia einlaufen.

Diese römische Münze aus dem Jahr 57 v. Chr. zeigt das gekrönte Haupt der Venus auf der einen und den Venus-Tempel auf dem Eryx-Berg auf der anderen Seite.

Bald darauf nahm der Wind an Stärke zu und drehte nach Nordost. Dadurch wurde es unmöglich, das Schiff auf Kurs zu halten. Der Steuermann drückte den Bug aus dem Wind, und die *Isis* drehte sich noch weiter vom Land weg, zurück in Richtung Afrika.

Schwarze Wolken bedeckten den Himmel und verfinsterten ihn.

„Vorsegel niederholen, Topsegel einholen und Hauptsegel reffen!" schrie der Kapitän.

Die Matrosen hasteten sofort die Strickleiter hoch, um die Segelfläche zu verringern. Andere banden alles fest, was nicht niet- und nagelfest war, und takelten Tauwerk für die Passagiere auf, falls die See rauher werden sollte.

Als die Wellen höher wurden und der Wind noch stärker blies, fiel es immer schwerer, das Schiff zu steuern.

„Ich brauche Hilfstauwerk", sagte der Steuermann. Durch die Kraft des Windes wurden seine Muskeln zu sehr beansprucht. Schnell wurden Seile und **Taljereeps** aufgetakelt, um die Ruderpinne an Ort und Stelle zu halten.

Doch es wurde fast unmöglich, das Schiff zu steuern, das wie ein Korken auf den riesigen Wellen tanzte. Gischt klatschte an Deck, und die verängstigten Passagiere bangten um ihr Leben. Claudia hielt sich mit einer Hand an einem Seil fest, während sie mit der freien ihren Besitz fest an sich drückte.

Antonius, der mit dem Arm die Bugreling umklammert hielt, duckte sich, als eine Welle an Deck aufschlug und überall Salzwasser verströmte.

Dann entfesselte der Sturm seine ganze Gewalt. Der Regen prasselte nieder und durchnäßte Besatzung und Passagiere gleichermaßen. Auf mächtige Blitze, die den

Himmel zu spalten schienen, folgten ohrenbetäubende Donnerschläge. Trotz des Getöses von Donner, Wind und Regen vernahm Antonius das verängstigte Brüllen aus dem Schiffsladeraum. Stunde um Stunde, die das Unwetter andauerte, wurde die *Isis* immer weiter vom Kurs abgedrängt.

Plötzlich geriet die *Isis* oben auf eine riesige Welle und schoß danach sofort nach unten, als wollte sie versinken. Einige Matrosen wurden über Bord gespült, und die Passagiere schrien vor Entsetzen auf. Hilflos beobachtete Antonius, wie sein Vater versuchte, jenen Menschen, die über Bord gespült worden waren, Rettungsgürtel zuzuwerfen. Doch vergeblich, der Wind war zu stark.

Dann stürzte eine zweite Riesenwelle am Bug auf Deck und riß den Kapitän und den Steuermann mit sich fort. Fabius kämpfte sich zum Heck vor, doch das Schiff, das sich hob und senkte, war zum Spielball der Wellen geworden. Gerade als Fabius die Ruderpinne erreichte, sah Antonius, wie eine andere Welle seinen Vater über Bord spülte.

Die Passagiere warfen ihre Habseligkeiten ins Meer und sprangen hinterher, während Antonius auf dem glitschigen, schlingernden Deck auf allen vieren zu

Tante Claudia und Syra hinkroch. Er erreichte die beiden Frauen, als sich das Schiff auf die Seite legte, und alle drei wurden zugleich in das aufgepeitschte Wasser geschleudert. Trotz des heulenden Winds und der tobenden See glaubte er, den Schrei seiner Tante vernommen zu haben: „Isis! Rette uns! Isis!“

Danach erkannte Antonius nur noch, daß er sich unter Wasser befand, doch er vermochte nicht zu sagen, wo oben und wo unten war. Seine Lungen barsten fast, als er hektisch strampelte. Schließlich kam er an die Oberfläche und schluckte Salzwasser, als er nach Luft schnappte.

Er stieß mit einer breiten Schiffsplanke zusammen und klammerte sich daran fest.

Beim nächsten Blitz sah Antonius, daß die *Isis* gesunken war. Hier und da tauchten Menschen aus dem Wasser auf, griffen nach Wrack- oder schwimmenden Frachtteilen, doch sein Vater und seine Tante Claudia waren nicht darunter.

Auf einmal fühlte er sich erschöpft. Kurz bevor alles um ihn herum schwarz wurde, mußte er noch daran denken, daß seine Mutter ihn ganz bestimmt ausschimpfen würde, wenn er in nassen Kleidern nach Hause kam.

Die wiederentdeckte Isis · 1989

Um 11 Uhr am Samstag, dem 6. Mai, beendeten wir unsere letzte Sendung vom Marsili Seamount und nahmen Kurs auf die Skerkibank und den Fundort der *Isis. Medea* und JASON hatten bereits ihre Fähigkeit unter Beweis gestellt, für uns die Ozeanographie auf eine verblüffend neue Weise erlebbar zu machen. Nun konnten sie dasselbe für die Meeres-Archäologie leisten. Wir würden nicht nur nahe ans Wrack herankommen, sondern auch noch verloren geglaubte Artefakte aus der antiken Welt an die Oberfläche befördern. Was würden uns diese Gegenstände aus der größten Tiefe, aus der jemals ein römisches Wrack geborgen wurde, über jene fernen Zeiten erzählen?

Für diesen Abschnitt unserer Expedition war die Archäologin Dr. Anna McCann mit an Bord gekommen, eine Pionierin der Unterwasser-Archäologie und Expertin für antike Artefakte. In den fünfziger Jahren, kurz nach der Erfindung der **Aqualunge** durch Jacques Cousteau, gehörte Anna zu den ersten Archäologen, die durch **Scuba**-Tiefseetauchen antike Wracks erkundete. Anna sollte die Untersuchung der *Isis* und des nahegelegenen Trümmerfelds leiten, das wir scherzhaft Amphoren-Allee getauft hatten. Sie sollte darüber wachen, daß wir archäologisch korrekt vorgingen.

Studenten beim Besuch der *Star Hercules* nehmen *Medea* in Augenschein, unseren neuen Unterwasser-Kameraschlitten.

Mary-Lou Florian, eine **Konservatorin** vom Royal British Columbia Museum in Victoria (Kanada), Leiterin unserer Konservatoren-Mannschaft, sollte sie bei ihrer wichtigen Arbeit unterstützen. Mary-Lou hatte dafür zu sorgen, daß jeder an Deck geförderte Gegenstand korrekt konserviert wurde.

Anna hoffte, eine grobe Datierung des Wracks vornehmen und herausfinden zu können, welche Fracht die *Isis* geladen, welche Route sie genommen hatte und welchen Hafen sie anlaufen wollte. Jedes Wrack, das ausgegraben wird, erweitert unser Wissen vom Leben in der antiken Welt. Genauso lieferte die *Isis* ein neues Teil zu einem Puzzle, zu dem Hunderte Wissenschaftler durch die Suche nach Beweisen an anderen Fundorten von Schiffswracks und bei Ausgrabungen an Land beitrugen.

Die häufigsten Anhaltspunkte, die einem Meeresarchäologen zur Verfügung stehen, sind Amphoren. Tausende antiker Amphoren sind zutage gefördert worden und werden nach Form und Markierung eingeordnet und datiert. Bestimmte Typen von Amphoren kamen mehr als hundert Jahre lang vor, so daß anhand der Amphoren das genaue Datum eines Schiffswracks nicht zu ermitteln ist. Durch Vergleich der in der *Isis* gefundenen mit anderen, bereits untersuchten, Amphoren hoffte Anna jedoch, angeben zu können, wann ungefähr das Schiff untergegangen war und welche Häfen es auf seiner Reise angelaufen hatte. Durch Analyse der Lehmarten konnte sie ermitteln, woher die Amphoren stammten und was sie enthielten. Hin und wieder findet man Amphoren, die noch immer verkorkt und mit Mörtel versiegelt sind. Vor kurzem tranken Archäologen Wein, der vor 2000 Jahren abgefüllt worden war. Ist es ein Wunder, daß er gekippt und zu Essig geworden war? Sollten wir tatsächlich noch verschlossene Amphoren auffinden, könnten wir genau sagen, welche Fracht die *Isis* befördert hatte.

Ebenso wie die Amphoren konnten uns auch Öllampen Auskünfte über das Alter des Wracks geben, da sich das Alter römischer Öllampen mit einer Genauigkeit von fünfzig Jahren angeben läßt. Wenn wir Holz vom Schiffsrumpf fänden, könnten wir sein Alter mit

Hilfe der **Radiokarbon-Methode** und der **Dendrochronologie** bestimmen.

Die Archäologen haben bereits einiges über den Handel zur Zeit des Römischen Reiches in Erfahrung gebracht. Je mehr wir über das Römische Reich wissen, um so besser verstehen wir, aus welchem Grund es zur Weltmacht aufstieg und was seinen Untergang und Fall bewirkte.

Welchen Platz würde die *Isis* in der Geschichte Roms einnehmen? Das wollten wir herausfinden.

Früh am Sonntagmorgen, dem 7. Mai, kamen wir in Skerkibank an und bereiteten uns auf die erste Fernsehsendung des Tages vor. Wir waren darauf erpicht, die *Isis* wieder zu orten. Was für eine spannende Sache wäre es, wenn wir das Wrack vor den laufenden Fernsehkameras wiederfänden! Bei vollem Sonnenschein und ruhiger See ließen wir *Medea* zu Wasser, während JASON noch geduldig an Bord auf seinen Einsatz wartete. Sobald *Medeas* Kameras das Schiff aufspürten, konnte JASON frisch ans Werk gehen.

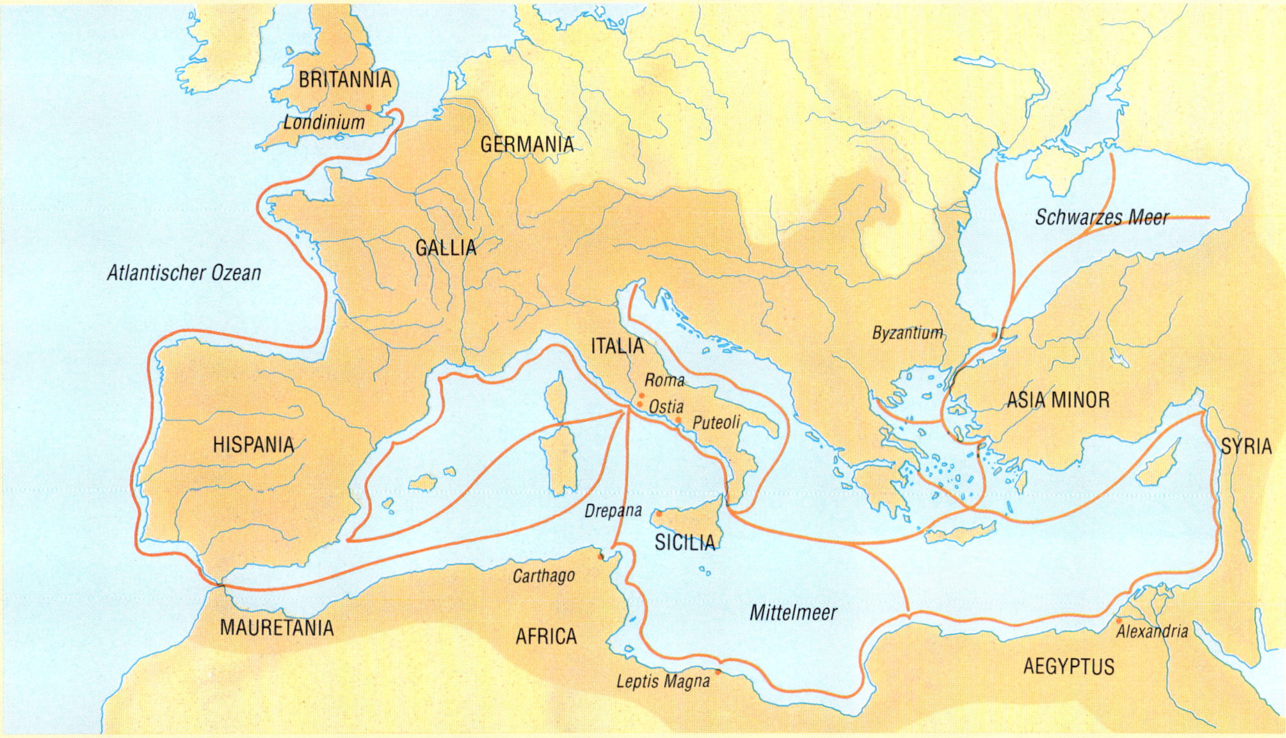

Die Herrschaft des Römischen Reichs

Zu Beginn des 3. Jh. v. Chr. war Rom ein bedeutender Stadtstaat, doch erst als Rom das Kaiserreich von Karthago geschlagen hatte, das von der nordafrikanischen Stadt Karthago beherrscht wurde, entwickelte es sich zu einer großen Mittelmeermacht. Zur Zeit von Christi Geburt herrschte Kaiser Augustus fast über den ganzen Mittelmeerraum. Das Mittelmeer wurde zu einem römischen See, und alle wichtigen Handelswege führten nach Rom.
Zur Blütezeit des Kaiserreichs war Rom eine selbst für heutige Verhältnisse große Stadt mit einer Million Einwohnern, darunter die reichsten Familien im Kaiserreich und die ärmsten. Der Kaiser sorgte für das Wohlbefinden des gemeinen Volks, indem er die Getreidepreise kontrollierte und kostenlose Unterhaltung im Zirkus und bei Pferderennen organisierte. Der wichtigste Importartikel war Getreide. Schon seit vielen Jahren konnte Rom sich nicht mehr selbst versorgen. Getreide zum Backen mußte daher aus Ägypten und Nordafrika eingeführt werden; die Raubtiere für die öffentlichen Spiele und den Zirkus kamen aus Asien und Afrika.
Gegen Ende des 3. Jh. n. Chr. hatte das Römische Reich sich so stark ausgedehnt, daß es sich nicht mehr selbst verteidigen konnte. Mehr als je zuvor war man auf den Import von Lebensmitteln aus Nordafrika angewiesen. Dieser ständige Verfall dauerte bis ins späte 4. Jh. n. Chr. an, als das Reich in zwei Hälften aufgeteilt wurde. Die östliche Hälfte wurde von Konstantinopel aus regiert und überlebte viele Jahrhunderte lang als Byzantinisches Reich, doch die westliche Hälfte wurde von kriegerischen Stämmen überrannt.

(oben) Diese Karte zeigt die Grenzen des Römischen Reichs vom 2. bis 4. Jh. n. Chr. Die Hauptschiffahrtswege und die wichtigsten Häfen sind gekennzeichnet.

(unten) Dieses Mosaik zeigt Matrosen, die eine Antilope an Bord bringen.

(links) Vorsichtig lassen wir *Medea* an der Schiffsseite zu Wasser.

(oben) Freude und Jubel machen sich im Kontrollraum breit, als wir die *Isis* zum zweitenmal orten.

Während der dritten Fernsehübertragung hatten wir riesige Flächen aus Schlamm und nur einige wenige Amphoren gesichtet, als wir vorsichtig in Schlangenlinien über das Zielgebiet strichen, immerhin eine Fläche von fünfzehn Quadratkilometern. Dies war das Gebiet, das wir in der kommenden Woche detailliert erkunden wollten. Betsey Robinson, die zusammen mit meinem Sohn Todd auf Wache war, als wir die aufregende erste Entdeckung der *Isis* machten, schob wieder Dienst in der Datenlogstation und dokumentierte jedes Klicken von *Medeas* Schwarzweiß-Höhenkamera. Diese Kamera setzten wir bei jeder Suchfahrt ein, weil sie ein größeres Gebiet des Meeresbodens überschaute als alle anderen Kameras. Louise Jones, die noch auf einer High School war, besorgte *Medeas* Steuerung. Dies war ihr erster Einsatz als Pilotin von *Medea,* und sie drückte den Joystick so fest, daß ich Angst hatte, sie würde ihn zerbrechen.

Kaum hatte ich meine Einführung ins Programm beendet, da erfaßte die Kamera eine einzelne Amphore und dann noch eine.

„Ich glaube, wir nähern uns unserem Ziel", sagte ich. Dann tauchten mehrere Amphoren gleichzeitig auf. „Wir haben's! Treffer! Phantastisch!" rief ich aus.

„Volltreffer! Wir haben's geschafft!" krähte Dana Yoerger, der Navigator. „Prima!"

Jubelrufe, Pfiffe und Freudenschreie erfüllten den Kontrollraum; vorübergehend vergaßen alle, daß wir so ganz nebenbei auf Sendung waren.

„Liebe Zuschauer, Sie können mühelos erkennen, wie professionell wir uns verhalten, wenn wir gerade eine Entdeckung gemacht haben", kommentierte ich scherzhaft, als sich die Mannschaft beruhigte. „Ich weiß zwar nicht, bei welchem Programmpunkt wir uns gerade befinden, aber das macht ja nichts."

Einige Minuten später stieß Anna McCann zu uns; sie platzte fast vor Aufregung angesichts der Aussicht, einen ersten Blick auf die *Isis* zu werfen. Lange brauchte sie nicht zu warten. Nun, da wir die exakte Position des Wracks erfaßt hatten, konnten wir es ohne weiteres wiederfinden, wann immer wir wollten. Indem Dana das System der **dynamischen Positionierung** der *Star Hercules* einschaltete, waren wir in der Lage, uns ständig an derselben Stelle aufzuhalten.

Als die Gruppe Amphoren wieder auf dem Bildschirm erschien, hielt es Anna nicht länger. „Stellen Sie sich vor, Sie sehen etwas, das zweitausend Jahre lang verborgen war und vor Ihnen noch niemand gesehen hat", erzählte sie begeistert den Zuschauern. Das war ein verblüffender Gedanke. Wem hatten diese Amphoren gehört? Vielleicht einem römischen oder nordafrikanischen Händler, der noch zu so gefährlich später Jahreszeit in See gestochen war, in der Hoffnung, einen guten Gewinn einzufahren, während seine Konkurrenten sich scheuten, ein so hohes Risiko einzugehen?

Als wir den Fundort des Wracks sorgfältiger untersuchten, konnten wir sehen, daß es in der Umgebung eine Anzahl unterschiedlicher Gegenstände gab. Der runde Gegenstand, den wir im Vorjahr gesichtet hatten, stellte sich tatsächlich als Mühlstein heraus, und teilweise im Sediment versunken war etwas, das einem großen Krug ähnelte.

„Vielleicht befinden wir uns über der Kombüse", meinte Anna.

Ich fühlte mich erleichtert und glücklich. Jetzt endlich konnten wir die archäologischen Studien in Angriff nehmen. Dazu mußten wir zuerst, unter Leitung unserer Fachfrau Anna, sorgfältig den Fundort der *Isis* und das Trümmerfeld in der Umgebung aufzeichnen. Denn bevor wir auch nur einen einzigen Gegenstand an die Oberfläche beförderten, wollten wir eine vollständige Übersicht gewinnen, so daß wir später lokalisieren konnten, woher jeder Gegenstand stammte. Diese Aufzeichnungen waren wichtig für künftige Untersuchungen und zur Information anderer Besucher des Fundorts. Danach konnten wir damit beginnen, die ersten Artefakte aus der antiken Welt an Deck zu befördern.

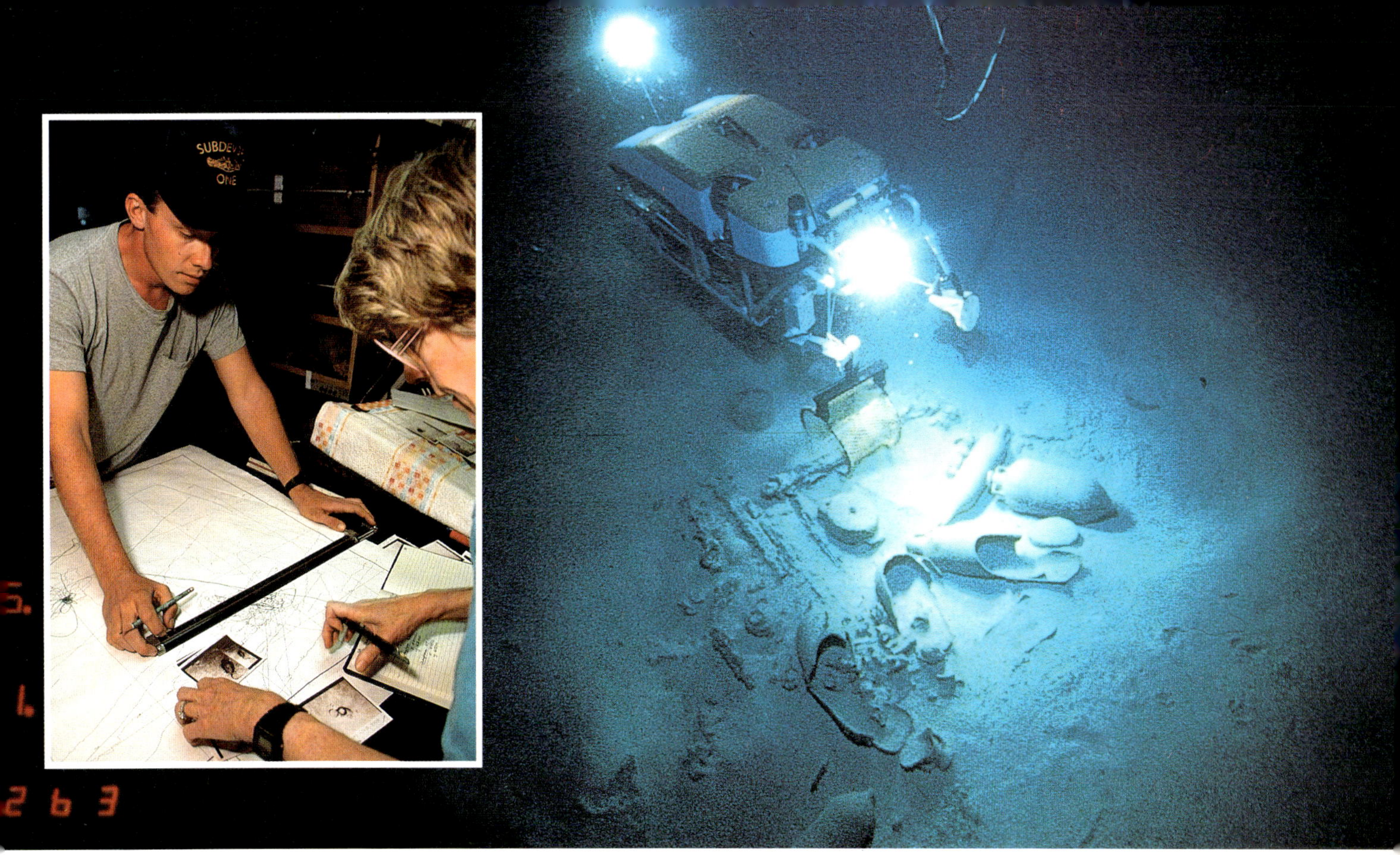

Anna McCann und ein Crewmitglied studieren Karten vom Fundort **(innen)**, während JASON unter uns auf Erkundung geht.

Was geschieht nach einem Schiffsuntergang?

1. Diese Zeichnung zeigt die Überbleibsel der *Isis* und ihrer Fracht kurz nach dem Untergang.
2. Eintausend Jahre später haben sich Leopard, Segel, Tauwerk, Kleider, Getreidesäcke und das meiste Schiffsholz in nichts aufgelöst, da sie von Tiefseeorganismen zersetzt wurden. Andere Gegenstände zerfallen langsamer.
3. Mehr als 1600 Jahre später ist nur wenig Holz übriggeblieben, obwohl noch einiges im Sediment verborgen liegen mag, wo es weniger holzfressende Tiefseeorganismen gibt. Womöglich lagern auch noch breite Marmorplatten, Elfenbein und Ebenholz im Sediment. Der Mühlstein hat überlebt. Viele Amphoren und manche Haushaltswaren aus Ton sind noch intakt, wenngleich manche Stücke durch die Bewegung des Seewassers oder des Sediments zersprungen sind. Korallen und andere Lebewesen haben auf der Oberfläche der Töpferware eine neue Bleibe gefunden.

3 Der Fundort der *Isis*

1. Amphore — Africana Grande
2. Amphore — Africana Piccola
3. Metallstück mit Holz vom Schiff
4. Mühlstein
5. Metallüberbleibsel — möglicherweise Teil eines Käfigs, Grills oder Ankers aus Eisen
6. Topf
7. Krug
8. Amphore mit flachem Boden
9. kleine Amphore — stand vielleicht in einem Dreibein und enthielt Wein
10. Krug — vielleicht für *garum*
11. kleine Öllampe
12. Krug mit zwei Henkeln

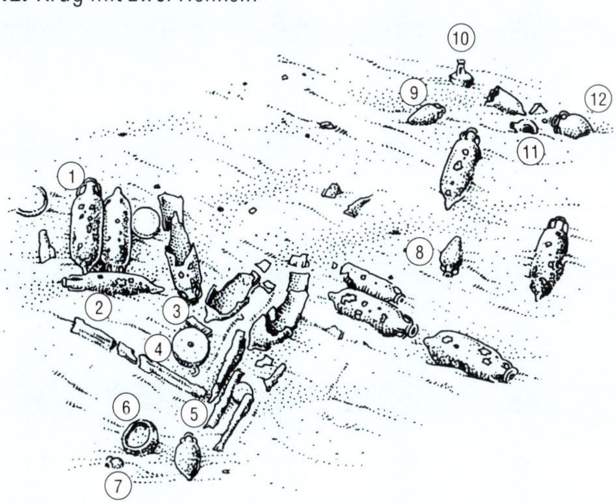

Erkundung des Wracks der Isis

Am Montag schlossen wir die Aufzeichnungen über den Fundort der *Isis* und des Trümmerfelds ab. Nun konnte sich JASON an die Arbeit machen. Das war der Augenblick, auf den wir alle gewartet hatten, doch noch immer schwebten bange Fragen über unserem Haupt. Konnte JASON überhaupt Amphoren und andere Gegenstände ans Tageslicht befördern, ohne sie zu beschädigen? Was geschah mit der Töpferware, die jahrhundertelang im Wasser gelagert hatte, wenn sie plötzlich an die Oberfläche zurückgebracht wurde? Ein Experte hatte uns darauf hingewiesen, daß die Amphoren womöglich auseinanderfielen, wenn wir sie aus dem Wasser holten. Nie zuvor hatte ein Archäologe eine Amphore aus diesen Tiefen zutage gefördert. Wir betraten also Neuland.

Für diese delikate Aufgabe hatten wir JASONs Greifmechanik mit zwei Paar gebogenen Greifern bestückt. Diese von uns scherzhaft „Schlagringe“ getauften Greifer waren so gestaltet, daß eine Amphore so gegriffen werden konnte, daß sie eigentlich nicht beschädigt wurde. Am unteren Greiferpaar war ein weiches Geflecht befestigt, das als „Auffangnetz“ diente und jede Amphore aufnehmen sollte.

Mitglieder der Mannschaft trudelten im Kontrollraum ein, als wir uns daranmachten, die erste Amphore zu heben. Zuerst berieten Anna, Mary-Lou und Martin

Wir brachten unseren Lift, mit einem Ballast versehen, über die Seite des Schiffs in sicherer Entfernung vom Fundort des Wracks ins Meer. Als JASON die Netzabteile des Lifts mit Artefakten gefüllt hatte, schickten wir einen akustischen Befehl durch das Wasser zu einem Antwortsender im Lift. Dadurch **leichterte** der Lift seinen Ballast und stieg dank der Schwimmereinheit zur Oberfläche auf.

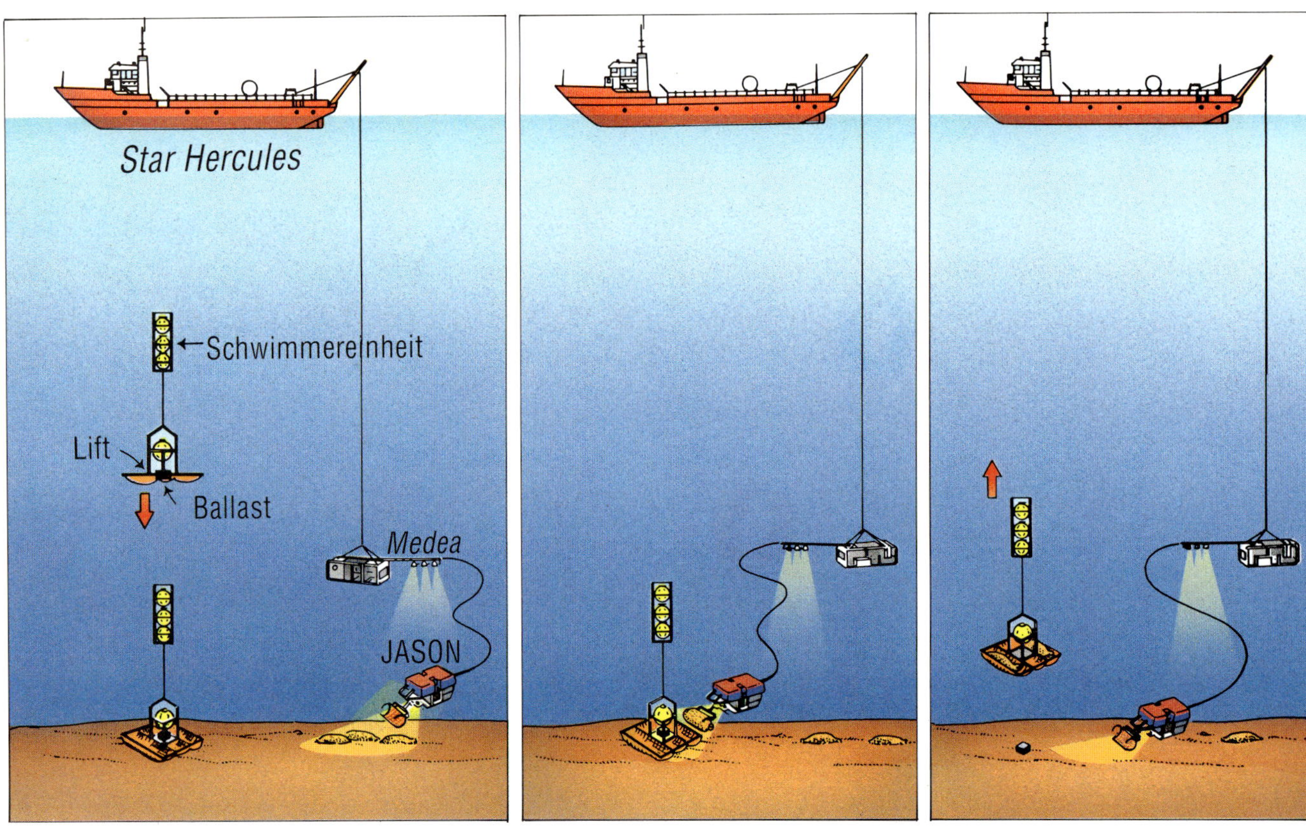

Bowen an der Steuerung von JASON darüber, mit welcher Amphore sie beginnen wollten. Die ausgewählten mußten heil sein oder zumindest nur kleine Risse erkennen lassen, vor allem aber von einer Größe, die JASON gut greifen konnte. Auch mußten sie so liegen, daß JASON beim Herausfischen keine anderen Gegenstände in Mitleidenschaft zog.

Martin war entschlossen, seinen Zuschauern vorzuführen, wozu ein Roboter in der Lage war. Wir hielten den Atem an, als er JASON so langsam wie möglich ans erste Ziel herandirigierte, einer jener großen nordafrikanischen Krüge, die die Fracht der *Isis* enthalten hatte. Es fiel schwer, sich vorzustellen, daß dies in einer Tiefe von 818 Metern vor sich ging; wir hatten den Eindruck, als geschähe die Bergung im Nebenzimmer.

Jetzt wurde es knifflig. Wir beobachteten alle gespannt, wie Martin das Auffangnetz vorsichtig in das weiche Sediment unter dem Krug vorwärtsarbeitete. Dann, mit einem entschlossenen Ruck, hing die riesige Amphore, ohne eine einzige Schramme abbekommen zu haben, im Netz. Als die „Schlagringe" sanft den Krug umfaßten, atmeten wir erleichtert auf.

„Das war ein Riesenfortschritt für die Menschheit", ulkte Mary-Lou, als im Kontrollraum gejubelt und applaudiert wurde.

Doch Martin hatte seine Arbeit noch nicht vollständig erledigt. Unweit von JASON befand sich unser Lift, ein Apparat aus Rohren und Fischernetzen, dessen Aufgabe es war, die Artefakte an die Oberfläche zu befördern. Bald rückte der Lift in Sichtweite von JASONs Vorwärtskamera. Martin näherte sich ihm behutsam. Jetzt wollte er keine Fehler mehr machen. Schließlich hatte er die Amphore genau über einem Netzabteil des Lifts in Stellung gebracht; er öffnete die Greifer und legte den Krug sanft in sein Bett.

Nach ein paar Stunden Arbeit lag in jedem Netzabteil des Lifts eine Amphore. Nun mußten diese antiken Krüge den nächsten Test bestehen. Als der Lift eine Viertelstunde später aus dem Wasser gehievt wurde, hatten sich alle Mann an Deck versammelt.

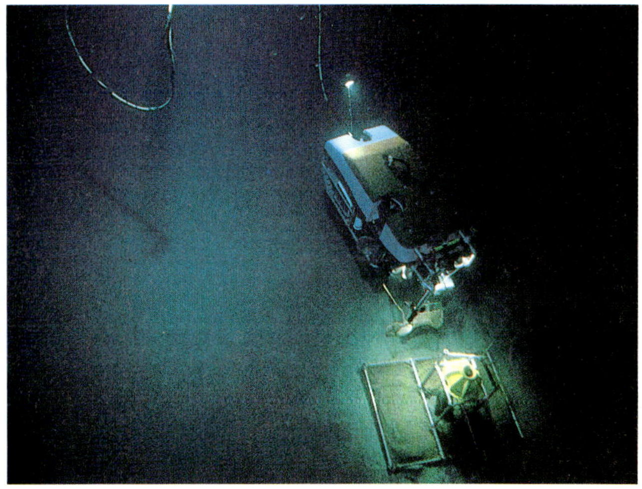

(oben links) Skip Gleason baute den Lift, mit dem wir Gegenstände aus der Tiefsee bergen konnten. In Händen hält er die „Schlagringe", die Greifer, mit denen JASON die Amphoren vom Meeresboden heben wird.

(ganz oben) JASON packt eine Amphore mit den „Schlagringen".

(Mitte) JASON bewegt sich mit seiner kostbaren antiken Fracht zum Lift.

(unten) Der Lift taucht an der Wasseroberfläche auf, eine riesige Amphore und einen großen Krug aus dem Wrack in seinen Netzabteilen. Das Zodiak schleppt den Lift zur *Star Hercules*.

Kaum zu glauben, daß diese langen, eleganten, dabei stabil aussehenden Behälter aus Ton, von denen Meereswasser abtropfte und die in der warmen Sonne glänzten, so lange auf dem Meeresboden zugebracht hatten.

Nachdem sie an Deck gehievt und vorsichtig ins „Schwimmbecken", das wir eigens für das Konservatorenteam gebaut hatten, eingetaucht worden waren, strich ich mit der Hand über die Oberfläche eines Kruges. Teilweise war er mit Meerespflanzen und herrlichen rosafarbenen Korallen bewachsen, doch wo der Ton keinen Bewuchs aufwies, war er so glatt und glänzend, als wäre er frisch dem Brennofen entnommen. Wem gehörte die Hand, die ihn zuletzt berührt hatte? so fragte ich mich. Vielleicht einem Sklaven, der die Amphoren in Karthago an Deck befördert hatte? Dem Kapitän der *Isis,* der den Laderaum angesichts des sich schnell nahenden Sturms kontrollierte, um sicherzugehen, daß die Fracht gut verstaut war? Dem Händler, der das Risiko eingegangen war, so spät im Jahr noch in See zu stechen? Oder vielleicht seinem Sohn, der aufgeregt seine erste Seereise erlebte und unter Deck auf Erkundung ging, wenn der Kapitän es nicht sehen konnte?

Die Töpferwaren hatten etwas von einer Zeitmaschine an sich. Ich stand der Welt des antiken Roms gegenüber, einer Welt, über die ich nur etwas in Geschichtsbüchern gelesen hatte. Mit den eigenen Händen berührte ich nun Gegenstände aus dieser fernen Welt.

Plötzlich kam mir die Geschichte der *Isis* nicht mehr wie ein Tagtraum vor, sondern wie die Wirklichkeit aus Fleisch und Blut.

Im Laufe der Tage beobachtete ich, wie Stücke dieses antiken Puzzles — der *Isis* — zutage gefördert wurden. Jedes Artefakt wurde mit gründlicher Sorgfalt untersucht. Wozu hatte es gedient? Was enthielt es? Wie alt war es? Von welchem Teil des Schiffs stammte es? Nach und nach konnten wir einzelne Stücke des Puzzles zusammensetzen.

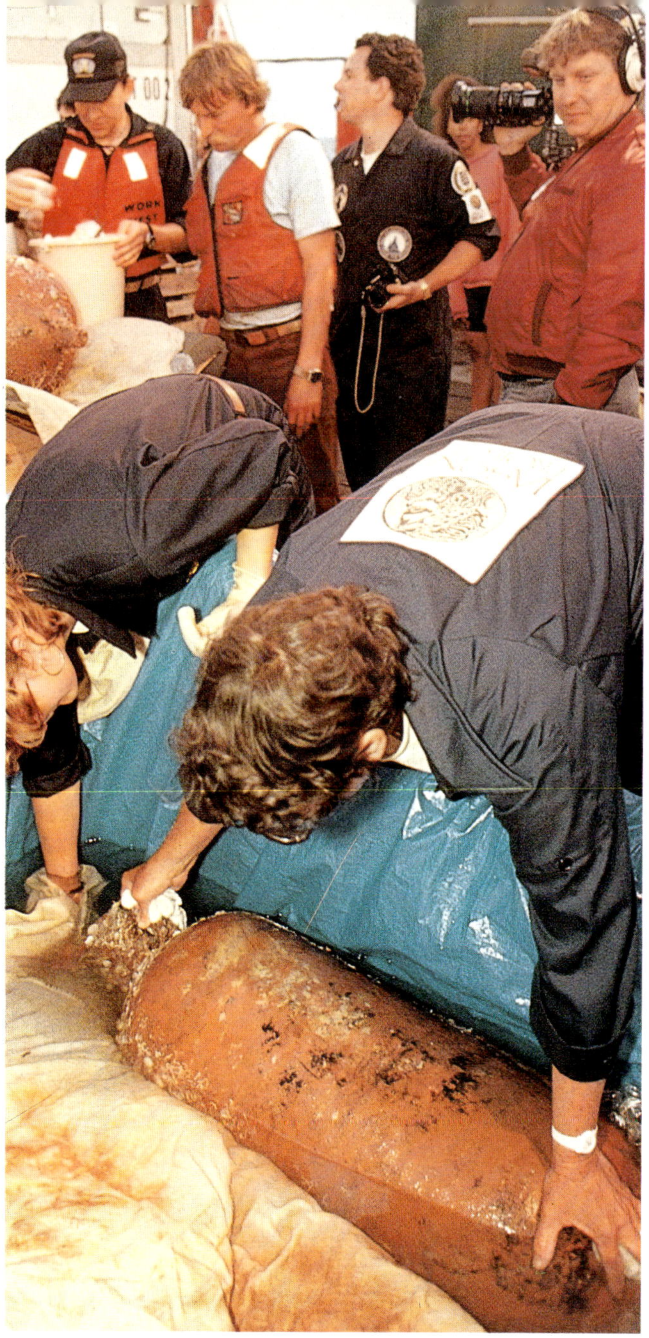

(oben links) Die erste Ladung mit Artefakten kommt an Deck.
(oben) Eine antike Amphore wird ins „Schwimmbecken" gelegt, damit sie nicht springt.

Anna zweifelte nicht mehr daran, daß die *Isis* ein Frachtschiff gewesen war. Sie wußte auch, daß die Typen der Amphoren, die die *Isis* als Fracht geladen hatte, dem 3. und 4. Jh. n. Chr., also der spätrömischen Epoche, entstammten. Dies bedeutete, daß es sich bei unserem Wrack um eines der wenigen entdeckten Schiffe aus dieser Periode handelte.

Die *Isis* beförderte zwei Typen jener als „Africana Piccolo" und „Africana Grande" (wörtlich übersetzt: „Kleine Afrikanerin" und „Große Afrikanerin") bekannten spätrömischen Amphoren. Da beide Arten in Tunesien hergestellt wurden, war Anna sicher, daß das Schiff von einem afrikanischen Hafen kam, vielleicht

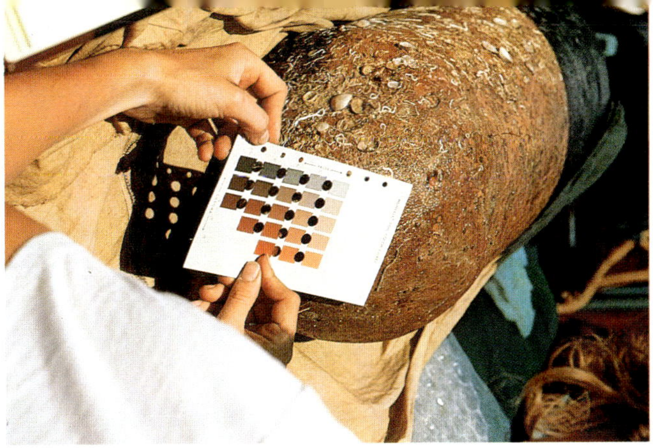

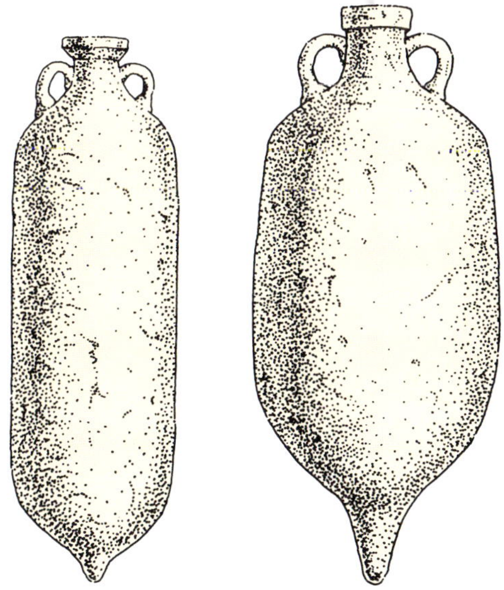

Africana Piccola Africana Grande

(oben links) Mit dieser Farbkarte können Archäologen die genaue Tönung einer Keramik bestimmen und registrieren.

(links) Eine Africana Grande wird vermessen.

(oben) In Amphoren vom Typ Africana Piccola wurde meist *garum* oder Fischsauce abgefüllt. Amphoren vom Typ Africana Grande fassen 68 Liter Olivenöl.

(unten) Diese Wandmalerei aus Pompeji zeigt Amor beim Weinfassen aus einer Amphore ähnlich jenen, die wir von der Amphoren-Allee gehoben haben.

von Karthago, da die Amphoren stets geleert und ausrangiert wurden, nachdem ein Frachtschiff seinen Bestimmungsort erreicht hatte. Und da diese beiden Arten auch in Ostia zu finden waren, scheint es nur logisch, zu schlußfolgern, daß das Schiff die Route zwischen der nordafrikanischen Hafenstadt Karthago und Rom befahren hatte.

Doch nie werden wir genau erfahren, welche Fracht an Bord war. Keine der von der *Isis* gehobenen Amphoren war noch versiegelt, so daß wir über deren Inhalt nur Vermutungen anstellen können. Die ganze Fracht war vermutlich gleich nach dem Untergang aus dem Laderaum verschwunden.

Da uns keine Ausrüstung für Tiefseegrabungen zur Verfügung stand und auch kein Sonarabtaster, konnte Anna die Größe des Schiffs nur schätzen.

Doch an der Menge und der Art des Materials, das wir sehen konnten und zur Kombüse zu gehören schien, ließ sich spekulieren, daß die *Isis* ein mittelgroßer, etwa 200 Tonnen schwerer römischer Handelsfrachter gewesen war, der wenigstens 5000 Amphoren geladen hatte.

Tausende kleinere und größere Amphoren stecken vermutlich noch gestapelt im Sediment verborgen. Und vielleicht sind sogar noch große Teile des hölzernen Rumpfs erhalten geblieben.

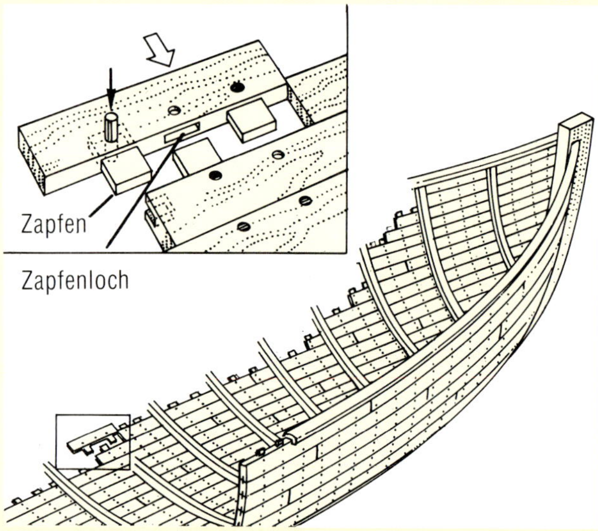

Schiffsbau in der Antike

Ein römischer Schiffbauer fing stets mit der Beplankung an, indem er vorsichtig die Holzstücke reihenweise verzapfte. Dann fügte er das Spantenwerk in den Rumpf ein. Archäologen nennen dies die „Schale zuerst"-Methode — im Gegensatz zur heute verwendeten „Spantenwerk zuerst"-Methode. Bei dieser Konstruktionsweise fängt der Schiffbauer mit dem Gerippe oder Spantenwerk an und fügt dann die Beplankung hinzu. Das von uns gehobene Holz, das durch Zapfen und Zapfenloch verbunden war, wurde später als weiße Eiche identifiziert, ein Baum, der in Europa und Italien wächst, nicht aber in Nordafrika. Daher muß die *Isis* in Italien gebaut worden sein.

Wir förderten ein Stück Holz zutage, das vom Rumpf stammen mußte, da es Teil einer Verbindung aus **Zapfen** und **Zapfenloch** war, die für den antiken Schiffsbau charakteristisch ist.

Wir erkannten auch etwas, das nach einer Bleiverkleidung aussah. Mit der Kamera für Großaufnahmen konnten wir sogar die winzigen **Nieten** deutlich sehen. Schiffsrümpfe wurden in der Antike oft mit Blei oder Kupfer verkleidet.

Wir wußten also genau, daß wir es mit einem Handelsschiff zu tun hatten, das in Karthago abgelegt hatte und nach Ostia unterwegs war. Und wir konnten es sogar bis auf zweihundert Jahre genau auf das dritte bis vierte Jahrhundert n. Chr. datieren.

Annas detektivische Arbeit wurde schwieriger, als sie die anderen Artefakte untersuchte, die wir von der *Isis* gehoben hatten.

Es handelte sich um Teile und Stücke aus dem Alltag derjenigen, die sich an Bord befanden, Gegenstände, die während der Reise gebraucht worden waren, vielleicht sogar noch unmittelbar bevor das Schiff in die dunkle Tiefe gesunken war.

Wozu diente wohl der Topf? Nachdem wir ihn ans Tageslicht befördert hatten, entdeckten wir, daß er ein gehärtetes Material enthielt, das wie Harz aussah und einen einigermaßen flachen Stein umfing. Von außen war der Topf schwarz — vermutlich hatte er in der Kombüse auf einem offenen Feuer gestanden. War darin Kieferharz zum Versiegeln der Risse im Schiffsrumpf aufgewärmt worden? Handelte es sich bei jenem Stein um ein Werkzeug zum Auftragen des erwärmten Harzes, oder war er zufällig beim Untergang des Schiffs hineingeraten?

Vielleicht hatte einer aus der Schiffsbesatzung an Deck geschuftet, als der Kapitän ihm befahl, flink mit den anderen die Segel reffen zu gehen, bevor der Sturm mit aller Wucht losschlug.

Die unterschiedlichen Formen der Amphoren wie auch der Haushaltswaren, die wir gehoben hatten, bestätigten Anna in ihrer ursprünglichen Annahme, daß es sich bei dem für uns sichtbaren Gebiet des Wracks um die Kombüse handelte. Der runde Mühlstein war vermutlich vom Kombüsensklaven zum Mahlen von Gewürzen oder von Mehl benutzt worden. Es gab noch Tassen aus Ton, aber auch kleinere Amphoren und irdene Krüge.

Vielleicht hatte der Händler oder sein Sohn am letzten Tag ihrer letzten Reise in diesen Krug Wein eingeschenkt und aus der Tasse getrunken. Durch diese alltäglichen Gegenstände erschien uns das Wrack eher zu unserer Gegenwart zu gehören als zu einer längst vergangenen Zeit vor 1600 Jahren.

Einige der noch ungeklärten Geheimnisse können durch künftige wissenschaftliche Untersuchungen gelüftet werden. So kann man durch Röntgen des Topfes erkennen, ob etwas im Harz verborgen ist. Das Harz kann mit der Radiokarbon-Methode untersucht werden.

Durch Analyse der Töpferware kann man herausfinden, wo jede Amphore und Töpferware hergestellt wurde — falls es Anna gelingt, den verwendeten Lehm mit Proben aus den bekannten Tongruben im Römischen Reich zu vergleichen.

Erst am letzten Tag unseres Aufenthalts am Fundort stießen wir auf den für Anna aufregendsten Gegenstand — eine römische Öllampe. Vielleicht lieferte die mit Olivenöl gefüllte Lampe einen Lichtschimmer in der dunklen Kombüse der *Isis*. Da Lampen sich genauer datieren lassen als Amphoren oder andere Töpferware, waren wir über diesen wiedergefundenen Artefakt besonders glücklich.

Nachdem Anna ihre Form, Verzierung und Lehmart mit anderen römischen Lampen verglichen hatte, kam sie zu dem Schluß, daß das aus Nordafrika kommende Schiff mit ziemlicher Wahrscheinlichkeit in der zweiten Hälfte des 4. Jh. n. Chr. gesunken war.

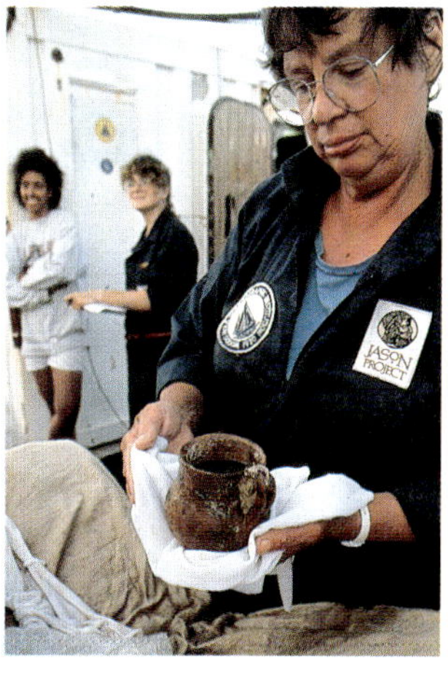

(oben) Louise Jones richtet einen steten Wasserstrahl auf einen schmalen Krug, der auf dem Eßtisch stand und vermutlich *garum* enthielt.

(links) Als die Öllampe trocken war, konnten wir erkennen, daß der Schnabel vom abbrennenden Öl angerußt war.

(Mitte) Diese Amphore ist über und über mit winzigen Korallen und Meeresorganismen bewachsen.

(rechts) Obwohl mehr als 1600 Jahre alt, ist dieser Krug einem heute angefertigten sehr ähnlich.

(oben) Diese Artefakte werden erst mit wassergetränkten, sterilen Bandagen umwickelt, damit die winzigen Pilze nicht weiter wachsen können. Dann wurden sie in wassergetränkte Gaze eingepackt, damit die Bandagen naß blieben, und mit einem Plastikmantel bedeckt, um alles feucht zu halten. Danach kam eine Lage dünner Folie und schließlich mehrere Lagen wattierten Verpackungsmaterials, um sie vor Stößen zu schützen.

(rechts) Im Topf fanden wir einige Eisennägel, ein Stück Holz und ein Stück Kordel oder Lederschnur.

Während der zweiwöchigen Erkundung der *Isis* und der Amphoren-Allee förderten wir 42 Gegenstände aus der antiken Welt zutage. Diese Gegenstände waren aus den vielen anderen ausgewählt worden, die *Medea* und JASON gesichtet hatten.

Nachdem unser zuverlässiger Lift sie an die Oberfläche befördert hatte, wurde jeder Gegenstand, in enger Zusammenarbeit zwischen den für die Konservierung Verantwortlichen, Anna McCann und Mary-Lou Florian, nach einem strengen wissenschaftlichen Verfahren behandelt. Hatte die Archäologin jeden Gegenstand untersucht, so übernahm ihn Mary-Lou. Ihre Aufgabe bestand darin, diese kostbaren Überbleibsel einer vergangenen Zivilisation für künftige Untersuchungen und eine eventuelle Ausstellung in einem Museum zu konservieren.

Konservatoren arbeiten immer Hand in Hand mit Archäologen. Doch ihre Arbeit ist besonders wichtig für die Meeresarchäologie, da die Artefakte sich mit Salzwasser vollgesogen haben. Brächte man eine Amphore einfach an die Oberfläche und ließe sie an der Luft trocknen, so würde das Salz im Ton kristallisieren, der Krug würde springen.

Deshalb werden solche Objekte zum Zweck der Konservierung zuerst naß gehalten. Zu diesem Zweck hatten wir ein kleines Schwimmbecken gebaut. In dieses Becken kamen alle Gegenstände sofort, nachdem sie an Deck gelangt waren.

In einem nächsten Schritt wurden die Amphoren für den weiten Transport nach Woods Hole (Massachusetts, USA) so verpackt, daß sie ständig naß blieben. Gewöhnlich werden Töpferwaren während des Trans-

(oben) Diese antiken Artefakte aus der *Isis* können jetzt in einem Museum ausgestellt werden.

ports in Meerwasser belassen, weil Keramik manchmal springt, wenn man sie direkt vom Salzwasser in frisches Süßwasser befördert. Doch Mary-Lou wünschte den Transport in frischem Wasser, um Meerespilze und Bakterien daran zu hindern, das Verpackungsmaterial zu zerstören. Sie besprach das Problem mit einem Geologen an Bord. Aus der Art des verwendeten Lehms schlossen sie, daß die Krüge nicht springen würden und es schon in Ordnung sei, frisches Süßwasser für die Lagerung und die Verpackung zu verwenden. Aus diesem Grund lagerte Mary-Lou einige Amphoren in frischem Süßwasser.

Einige Wochen später, als Mary-Lou die Amphoren in Woods Hole auspackte, machte sie die Beobachtung, daß die in Süßwasser gelagerten Amphoren besser aussahen als die in Salzwasser gelagerten. Die nassen Bandagen hatten den Krügen das Salz viel schneller entzogen. Diese Entdeckung wird zweifelsohne die künftige Konservierungsmethode von Gegenständen aus dem Meer beeinflussen. Ist das Salz erst einmal vollständig ausgewaschen und die Amphoren und anderen Gegenstände trocken, werden sie sorgfältig untersucht, damit sie uns weitere Aufschlüsse über das Schicksal der *Isis* liefern.

EPILOG

Als die letzte Amphore wie eine ägyptische Mumie eingewickelt und die *Star Hercules* nach Sizilien unterwegs war, wußte ich, daß das Projekt JASON an sein Ende gekommen war — wenigstens für dieses Jahr. Auf unserem Heimweg hofften wir, eines der größten Schlachtschiffe des II. Weltkriegs, die *Bismarck,* zu finden. Doch ich war stolz, daß wir, trotz oftmals widriger Umstände, bisher schon so viel erreicht hatten. Bei der „Beinahe-Katastrophe" mit dem Verlust von JASON und *Hugo* haben wir noch einmal Glück gehabt. Wir hatten neue Geräte eingesetzt und zum erstenmal mit ihnen gearbeitet. Und wir hatten 250 000 Studenten der Ozeanographie und Archäologie während der Fernsehdirektübertragungen an unseren Erkundungen auf dem Meeresboden des Mittelmeers beteiligt.

Mit diesen Erfolgen in der Tasche sind wir nun bereit, uns neuen, aufregenden Herausforderungen zu stellen. In den nächsten Jahren wollen wir mit JASON und *Hugo* die Großen Seen erkunden und nach Wracks aus dem Krieg von 1812 suchen. Auch zur *Titanic* würde ich gerne wieder mal zurückkehren, um von dieser großen, alten Dame der Meerestiefe per Fernsehen direkt zu berichten, um ihr vielleicht noch weitere Geheimnisse zu entlocken.

Vielleicht kehren wir auch mit einer entsprechenden Ausrüstung für die Ausgrabung des Wracks der *Isis* ins Mittelmeer zurück, um zu erfahren, was uns bisher verborgen bleibt.

Und es gibt noch zahlreiche andere Orte der Tiefsee, die zu untersuchen wären. Vielleicht können wir eine der versunkenen Städte finden, die sich laut Annahme von Archäologen vor der Küste Siziliens befinden, oder die Überbleibsel der Seeschlacht im Sund von Salamis im September 480 v. Chr., als die Griechen die feindliche persische Flotte unter Xerxes besiegten und die Stadt Athen retteten.

Mit Hilfe von JASON können wir bis ans Ende der Welt, die Tiefsee, vorstoßen und in jene Bereiche, die noch nie ein menschliches Auge erblickt hat. Wir können ins Meer gestürzte Flugzeuge und untergegangene Unterseeboote suchen, Tiefseekabel wie Pipelines inspizieren und Tiefsee-Mineralvorkommen aufspüren. Die Archäologen werden somit in die Lage versetzt, in die Vergangenheit zu sehen und sie zu erforschen, ohne sie zu zerstören. Und durch das Wunder der Fernsehpräsenz können ein Expertenteam oder interessierte Zuschauer JASON folgen, ohne jemals das Festland zu verlassen. Vielleicht wird eines Tages ein Roboternachkomme von JASON den Weltraum jenseits der Galaxien erforschen.

Es fällt mir jedoch schwer, mir vorzustellen, daß es etwas Spannenderes gibt als unsere Erkundung der *Isis* 1989 und unsere Berührung mit der Geschichte eines Schiffs, das vor 1600 Jahren von Karthago nach Rom segelte. Ich hatte nicht damit gerechnet, daß das Schiff in meiner Phantasie eine so lebendige Gestalt annehmen würde. Während wir das Wrack der *Isis* erkundeten und die Amphoren an Deck brachten, wurde mir bewußt, wie wenig uns von den Alten Römern trennt. Sie atmeten dieselbe Luft, spürten denselben Wind und segelten auf denselben Meeren. Ihr Leben war anders und irgendwie einfacher, doch sie hegten viele derselben Hoffnungen und Befürchtungen wie wir.

Als unser Schiff Kurs auf Sizilien nahm, schweiften meine Gedanken zu jenen Passagieren auf der letzten Fahrt der *Isis* hin. Waren alle mit dem Schiff untergegangen? Oder gab es einige, die überlebten und noch ihren Kindern und Enkeln die Geschichte von dem großen Sturm erzählen konnten und vom Untergang des schönen Schiffs wie auch seiner kostbaren Fracht und ihrer wunderbaren Rettung?

* * *

Als Antonius die Augen öffnete, schien die frühe Morgensonne ihm ins Gesicht, und die See lag ruhig. Sein Körper war unterkühlt und hing über einer Holzplanke. Als er sich bewegen wollte, verspürte er einen stechenden Schmerz in einem Arm. Ungläubig sah er sich um. War dies die Unterwelt, das Reich der Toten? Und dann, ganz in seiner Nähe, erspähte er seine Tante Claudia, die sich an eine breite Planke klammerte. Er

Erst vergraben, dann ausgebuddelt: Die Entdeckung einer antiken Münze

Unter Röntgenstrahlen kam im Harz auf dem Boden des Topfes ein runder Gegenstand aus Metall zum Vorschein. Ist das eine Münze? fragte sich Anna. Um die „Münze" zu entfernen, bohrte ein Konservator mit einem erwärmten und angespitzten Messingrohr vorsichtig ein Loch in das Harz **(ganz rechts).** Als er sich nahe an die Münze herangearbeitet hatte, entfernte er mit Aceton und einer Bürste das übrige Harz, und schließlich löste er die dünne, mit **Korrosion** bedeckte Scheibe.
Experten identifizierten sie kurze Zeit später als einen *centenionalis,* eine kleine, römische Münze aus Bronze. Auf einer Seite ist Konstantius II., der Sohn des Kaisers Konstantin, abgebildet. Die andere Seite zeigt den Kaiser, der einen auf dem Boden liegenden Reiter durchbohrt. Die Inschrift FEL TEMP REPARATIO heißt etwa „glückliche Erneuerung der Zeiten". Diese Münze sowie eine identische Münze in besserem Zustand sind rechts zu sehen.
Die Münze wurde wahrscheinlich um 355 n. Chr. geprägt. Dies bestätigt unsere ursprüngliche Annahme, daß die *Isis* in der zweiten Hälfte des 4. Jh. n. Chr. gesunken ist. Wem mag diese Münze wohl gehört haben? Das wird für immer ein Geheimnis bleiben.

biß die Zähne zusammen und strampelte und paddelte zu ihr hinüber.

„Antonius! Den Göttern sei Dank, daß wir noch leben. Von den andern habe ich noch keinen gesehen", sagte Tante Claudia mit einem Zittern in der Stimme. Tränen stiegen ihr in die Augen, aber sie riß sich schnell zusammen. „Außer Warten und Hoffen können wir nicht viel tun."

Antonius schmerzte der Hals vor Durst, und in seinem Kopf spürte er ein dumpfes Hämmern. Tante Claudia redete weiter mit ihm, versuchte, ihn aufzuheitern und ihn am Einschlafen zu hindern. Doch er fiel in einen benommenen Zustand. Stunden später hob er den Kopf. Plötzlich fing Tante Claudia an zu rufen und zu winken.

„Antonius, sieh nur!" rief sie aus. Er folgte ihrem Finger und blinzelte, da die Sonne ihm in die Augen schien. In der Ferne erblickte er ein kleines Schiff. Hoffentlich war es kein Piratenschiff! Er konnte das Segel nicht gut genug erkennen, um es herauszufinden. Angst durchzuckte ihn, doch er war einfach zu erschöpft, um sich große Sorgen zu machen. Piratenschiff oder nicht, sie hatten Hilfe dringend nötig. Mit letzten Leibeskräften schwamm Antonius zu Claudia hin und rief, so laut er konnte. Sie schrien, bis sie heiser waren, und endlich kam das Schiff auf sie zu und baute sich immer größer wie eine riesige Wand vor ihnen auf. Matrosen warfen ihnen Taue zu, und sie griffen mit zitternden Händen danach. Zuerst wurde Claudia und dann Antonius an Bord gehievt. Der Kapitän des Schiffs, ein freundlicher Mann aus Karthago, gab ihnen Decken und verhalf Claudia zu einem Rastplatz. Doch Antonius stand noch lange nahe am Bug und starrte auf das ruhige und leere blaue Meer.

WORTERKLÄRUNGEN

Achterdeck: Deck im hinteren Teil (Heck) des Schiffs.

Achterschiff: Hinterer Teil des Schiffs.

Aluminium: Silberweißes, dehnbares Leichtmetall.

Amphitheater: Ovales, meist dachloses Theatergebäude mit stufenweise ansteigenden Sitzen für unterschiedliche Spiele und Aufführungen.

Amphore: Antikes Tongefäß mit zwei Henkeln, das gewöhnlich unten spitz zuläuft, damit man es als Schiffsfracht oder im Lagerhaus besser stapeln konnte.

Antwortsender: Ein Empfänger, der ein Signal auffangen und daraufhin ein eigenes Signal aussenden kann. Er wird zum Aufspüren und Identifizieren von Gegenständen eingesetzt.

Aqualunge: Tauchgerät, das einem Taucher erlaubt, sich über längere Zeit unter Wasser aufzuhalten. Es besteht aus einer Sauerstoffflasche mit Sauerstoff unter hohem Druck, der über einen Schlauch zum Mund des Tauchers gelangt.

Archäologie: Wissenschaft vom Altertum, ihren Menschen und ihrer Kultur, soweit sich diese aus Denkmälern, Bodenfunden und Schriftquellen erschließen läßt.

Argo: Ein Stahlschlitten mit Videokameras, die über das Zugkabel des Schlittens Fernsehbilder an die Oberfläche übertragen können, während *Argo* in etwa 3 bis 10 Meter Höhe über dem Meeresboden geschleppt wird.

Artefakt: Werkzeug oder Gegenstand aus vorgeschichtlicher Zeit, das eine menschliche Bearbeitung erkennen läßt.

Backbord: Die linke Seite des Schiffs (in Fahrtrichtung) (Gegenteil: Steuerbord).

Basilika: Fflüheste Bauform christlicher Kirchen mit überhöhtem Mittelschiff.

Berber: Sammelname für die Bevölkerung Nordafrikas; ursprünglich Halbnomaden, die von ihren Viehherden lebten.

Bug: Das vordere Teil eines Schiffs (Gegenteil: Heck).

Cyprianus: Kirchenvater und Bischof, der am 14. 9. 258 n. Chr. als Märtyrer in Karthago starb und heiliggesprochen wurde.

Dendrochronologie: Verfahren zur Datierung vorgeschichtlicher Kulturreste anhand der Jahresringe der darin enthaltenen Hölzer.

Dreizack: Eine Stange mit drei Zinken.

dynamische Positionierung: Eine Technologie, die es einem Schiff ermöglicht, automatisch auf einer bestimmten Position zu bleiben.

Entern: Mit Hilfe von Haken auf ein Schiff klettern und es erobern.

Fallreep: Beweglicher Laufgang zum Besteigen eines Schiffes oder Flugzeugs (engl. Gangway).

Fernsehpräsenz: Der Einsatz von Fernsehübertragungen, um die Anwesenheit beim Geschehen an einem entfernten Ort zu simulieren.

Frigidarium: Kaltwasserbad in den römischen Thermen.

Galion: Vorbau am Bug älterer Schiffe, oft mit Figur (Galionsfigur).

garum: Eine bei den Römern beliebte gegorene und scharfe Fischsauce.

Geologie: Wissenschaft von der Entwicklungsgeschichte und vom Bau der Erde.

Glasfaserkabel: Kabel aus dünnen, sehr biegsamen und bündelartig zusammengefaßten Glasfasern zur Licht- und Informationsübertragung. Über ein Glasfaserkabel gelangen die Videosignale von JASON und *Medea* in den Empfangsraum des Forschungsschiffs.

Harz: Aus den Ausscheidungen von Pflanzen gewonnene klebrige und danach erhärtende, nicht brennbare Substanz, die sich in Wasser nicht auflöst und im antiken Schiffsbau daher zum Kitten, Leimen und Abdichten bei Schiffen verwendet wurde.

Heck: Das hintere Teil des Schiffs (Gegenteil: Bug).

Hecküberhang: Ein fächerförmiger Überhang hinten am Schiff.

Hugo: Ein vom Forschungsschiff gezogener Schlitten, der über den Meeresboden „fliegt" und als Garage für JASON dient. *Hugo* liefert dank seiner Sonar- und Videokameras, die die Seiten abtasten, einen weiten Überblick über den Meeresboden. Die so aufgenommenen Bilder werden über das Zugkabel des Schlittens an die Oberfläche übertragen.

Hydrothermische Öffnung: Eine Öffnung im Meeresboden, durch die kaltes Wasser eintritt, das nach der hohen Erwärmung durch das flüssige Gestein unter der Erdkruste als heißes wieder ausgestoßen wird.

Hypokaustum: Raumheizung in einem römischen Bad, bei der — von einem Heizraum aus — Heißluft durch Hohlräume unter den Fußoden, und durch Tonröhren in die Wände, geleitet wurde.

Isis: Ägyptische Muttergöttin und Patronin der Seeleute, die ihren Anhängern ein Leben nach dem Tode versprach.

JASON: Ein ferngesteuertes Fahrzeug, das mit Foto- und Videokameras ausgerüstet ist und den Meeresboden aus nächster Nähe inspizieren kann. Die von *Jason* aufgenommenen Videobilder werden via Kameraschlitten über Glasfaserkabel zum Forschungsschiff übertragen. *Jason* besitzt auch einen Roboterarm, mit dem er Bodenproben sammeln kann.

Joystick: Schalthebel wie er z. B. bei Computerspielen verwendet wird.

Jupiter: Oberster römischer Gott. Die Griechen nannten ihn Zeus.

Kaldarium: In den altrömischen Thermen der meist kuppelüberwölbte Rundbau im Zentrum der Anlage mit den Warmwasserbädern.

Kegeln: Ein Gesellschaftsspiel mit einer Holzkugel und neun Kegeln, bei dem mit einer vorher festgelegten Anzahl von Würfen möglichst viele der Kegel umgeworfen werden sollen.

Knoten: Die Einheit für die Geschwindigkeit von Schiffen [= 1 kn = 1 sm/h (Seemeile pro Stunde) = 1,852 km/h].

Konservator: Eine Person, die Artefakte pflegt und sich um deren Erhaltung kümmert.

Koordinaten: Zahlen (= Winkel in Graden), die die Lage eines Punktes auf einer Landkarte genau angeben.

Korrosion: Chemische Veränderung im Material an der Oberfläche fester Körper (z. B. von Gesteinen und Metallen).

Krängen: Seitwärts neigen.

Laderaum: Stauraum für Fracht an Bord eines Schiffs, meist unter Deck.

Latium: Historische Landschaft und heutige Region Mittelitaliens.

Lava: Der bei Vulkanausbrüchen an die Erdoberfläche hinausgeworfene Schmelzfluß und das daraus durch Erstarrung hervorgehende Gestein.

leewärts: Die dem Wind abgekehrte Seite (Windschatten).

Legionär: Mitglied einer römischen Heereseinheit (Legion).

leichtern: Entladen eines Schiffes.

Magma: Gesteinsschmelzfluß im Erdinnern.

Marsili Seamount: Aktiver Unterwasservulkan im Mittelmeer.

Medea: Ein Ersatzschlitten, der — im Schlepptau des Forschungsschiffs — über den Meeresboden „fliegt". Zuerst bei den Versuchen mit Glasfaserkabeln eingesetzt, wurde *Medea* später umgebaut, um *Hugo* zu ersetzen.

mittschiffs: Ortsangabe für den mittleren Teil des Schiffs.

Navigationssatellit: Geostationärer (= an einem Fixpunkt über dem Äquator „aufgehängter") Satellit, der den Schiffen als Funkfeuer dient.

Neptun: Der römische Gott des Meeres. Die Griechen nannten ihn Poseidon.

Niet: Metallbolzen, der zwei Metallplatten zusammenhält.

nummus: Eine kleine römische Kupfermünze geringen Werts. Die *solidus* genannte Goldmünze war zwischen 10 000 und 14 000 *nummi* wert.

Ozeanographie: Meereskunde.

Phönizier: Die im Seehandel tätigen Bewohner Phöniziens, im Altertum das Küstenland Syriens (heute ein Teil des Libanon), die in vielen Städten rund um das Mittelmeer siedelten, auch in Karthago.

Pilger: Person, die nach heiligen Orten wallfährt.

Plattentektonik: Wissenschaftliche Hypothese, nach der die Erdkruste aus sechs großen (auch Großschollen genannt) und mehreren kleinen Platten besteht, die sich gegeneinander bewegen und Erdbeben verursachen können.

Punische Kriege: Drei Kriege zwischen Römern und Karthagern (= Punier) um die Vormacht im westlichen Mittelmeer (im 2. und 1. Jh. v. Chr.).

Radiokarbon-Methode: Verfahren zur Altersbestimmung geologischer und historischer organischer Gegenstände durch Messung der radioaktiven Zerfallszeiten von Kohlenstoff 14 (C 14).

Rah: Querstange am Mast für das Rahsegel.

Retiarius: Ein Gladiator, der mit Netz, Dreizack und Schwert bewaffnet ist, auch Netzmann genannt.

Rumpf: Skelett oder Körper eines Schiffs mit Außenhaut und Oberdeck.

Satellitenfunk: Funkverbindung von der Erde zu einem Satelliten und wieder zurück zur Erde.

Schleppnetzfischer: Fischer, die mit einem Schleppnetz auf Fang gehen, meist ein vom Kutter geschleppter Netzsack.

Schlingern: Um die Längsachse schwanken.

Scuba: Unabhängiges Unterwasser-Atemgerät.

Secutor: Ein mit Schwert und Schild bewaffneter Gladiator.

Sediment: Schicht, die sich auf dem Meeresboden ablagert und verfestigt.

Serapis: Hellenistische Gottheit in Ägypten; ein Gott der Unterwelt, des Jenseits und der Fruchtbarkeit. Die meisten römischen Städte hatten dem Serapis geweihte Tempel, die Serapeum hießen.

Skiff: Nordisches Einmannruderboot.

Sonar: Engl. Abk. für Sound Navigation and Ranging. Gerät zum Aufspüren und Lokalisieren von Gegenständen unter Wasser mit Hilfe von Schallwellen.

Spantenwerk: Rippenähnliche Bauteile zum Verstärken der Außenwand von Schiffs- und Flugzeugrümpfen.

Springwelle: Eine riesige Welle, die urplötzlich auftaucht und einem Schiff großen Schaden zufügen kann.

Steuerbord: Die rechte Seite des Schiffs (in Fahrtrichtung) (Gegenteil: Backbord).

Steven: Das Schiff vorn und hinten begrenzender Balken.

Stilus: Antikes Schreibgerät aus Bein, Elfenbein oder Metall mit einem spitzen Ende zum Schreiben auf der Wachstafel (das andere Ende war falzbeinartig platt, um das Wachs glattzustreichen und Geschriebenes zu tilgen).

Striegel: Schabinstrument aus Metall oder Elfenbein, das die Römer zum Reinigen der Haut, besonders nach dem Training in der Ringerschule oder einem Besuch in den Thermen benutzten.

Stromboli: Eine der Liparischen Inseln Italiens, die aus einem tätigen Vulkan besteht, der regelmäßige Ausbrüche in Abständen von rund 10 Minuten hat.

Taljereep: Verbindungstau an Bord zur Sicherheit der Passagiere.

Thermen: Antike Badeanlage mit Auskleideraum, Säulenhof, Warmluftraum, Warmwasserbad, Abkühlraum, Kaltwasserbad und Freibad, die sich von einer Stätte des sportlichen Trainings, der Erholung und Zerstreuung zum gesellschaftlichen Treffpunkt entwickelte.

Trümmerfeld: Ein Gebiet in der Nähe des Wracks der *Isis*, in dem sich viele verstreute Gegenstände aus dem Schiff befinden.

Venator: Ein bewaffneter Mann, der im Kampf mit wilden Bestien ausgebildet wurde.

Venus: Römische Göttin der Liebe, der Fruchtbarkeit, des Meeres und der Seeleute. Bei den Griechen hieß sie Aphrodite.

Vulkanologen: Wissenschaftler, die sich mit der Entstehung und Erforschung von Vulkanen beschäftigen.

Zapfen: Ein (aus dem Schiffsplankenholz herausgearbeiteter) viereckiger Stöpsel, der in ein Zapfenloch hineinpaßt.

Zapfenloch: Eine viereckige Aussparung in einer Schiffsplanke, in die ein entsprechender Zapfen paßt.

Zenturio: Befehlshaber einer altrömischen Soldatenabteilung von 100 Mann (= 1 Zenturie, heutzutage Hundertschaft).

Zodiak: Name eines aufblasbaren Schlauchbootes aus Gummi.

Zug: Beanspruchung eines Bauteils durch Kräfte rechtwinklig zu — gedachten — Schnittflächen, die diese auseinanderzuziehen versuchen.

LEKTÜRELISTE

In deutscher Sprache:

Ballard, Robert D.: Das Geheimnis der Titanic. 3800 Meter unter Wasser. Berlin: Ullstein 1987.

Ballard, Robert D.: Die Suche nach der Titanic. Nürnberg, Tessloff 1988.

Corbishley, Mike: Die Welt der Römer. Hamburg: Tessloff 1987.

In englischer Sprache:

Hackwell, W. John: Diving to the Past, Recovering Ancient Wrecks. New York: Charles Scribner's Sons 1988.

Blair, Carvel: Exploring the Sea. New York: Random House 1986.

Olesky, Walter: Treasures of the Deep. New York: Julian Messner 1984

DIE JASON PARTNER:

Woods Hole Oceanographic Institution

The Quest Group Limited

Electronic Data Systems Corporation

National Geographic Society

The JASON Museum Network

National Science Foundation

Turner Broadcasting System, Inc.

National Science Teachers Association

Die Entwicklung von ARGO/JASON wurde von der U.S. Navy finanziell gefördert.

JASON MUSEUM NETWORK:

Boston Museum of Science (Boston, Massachusetts)

Discovery Place (Charlotte, North Carolina)

Museum of Science and Industry (Chicago, Illinois)

The Science Place (Dallas, Texas)

Denver Museum of Natural History (Denver, Colorado)

Detroit Science Center (Detroit, Michigan)

Memphis Pink Palace Museum (Memphis, Tennessee)

The Franklin Institute (Philadelphia, Pennsylvania)

Rochester Museum and Science Center (Rochester, New York)

Mote Marine Laboratory (Sarasota, Florida)

National Geographic Society Grosvenor Auditorium (Washington, D.C.)

Royal British Columbia Museum (Victoria, British Columbia, Kanada)

BILDNACHWEIS

Vordere Einbandseite: (oben) Gemälde von Ken Marschall, (links) George F. Mobley © National Geographic Society, (Mitte und rechts) Joseph H. Bailey © National Geographic Society
Hintere Einbandseite: (oben) Gemälde von Ken Marschall, (unten) Quest Group Ltd.

Seite 1: C. M. Dixon
2–3 Joseph H. Bailey © National Geographic Society
6–7 Gemälde von Ken Marschall
8–9 Quest Group Ltd.

1. Kapitel
10 George F. Mobley © National Geographic Society
11 (oben) © Jonathan Blair/Woodfin Camp and Associates, (innen) Emory Kristof © National Geographic Society, (unten) Metropolitan Museum of Art, Harris Brisbane Dick Stiftung, 1934
12–13 Illustration von Jack McMaster/Margo Stahl
13 George F. Mobley © National Geographic Society
14 (oben) Illustration von Jack McMaster/Margo Stahl, (links und rechts) George F. Mobley © National Geographic Society
15 George F. Mobley © National Geographic Society
16–17 George F. Mobley © National Geographic Society
18 (oben) Quest Group Ltd., (links) George F. Mobley © National Geographic Society
19 Scala/Art Resource, New York

2. Kapitel
20 C. M. Dixon
21 (links) Mit freundlicher Genehmigung von Anna Marguerite McCann, (rechts) Gemälde von Wes Lowe
22 Gemälde von Wes Lowe
23 Gemälde von Wes Lowe
24 Ny Carlsberg Glyptotek, Kopenhagen
25 Gemälde von Wes Lowe

3. Kapitel
26 Thomas Kleindinst/Woods Hole Oceanographic Institution
27 (oben links) Mit freundlicher Genehmigung von EDS Corporation, (unten und rechts) Joseph H. Bailey © National Geographic Society
28 (links) Joseph H. Bailey © National Geographic Society, (rechts) Illustration von Jack McMaster/Margo Stahl
29 Joseph H. Bailey © National Geographic Society
30–31 Joseph H. Bailey © National Geographic Society

4. Kapitel
32 Joseph H. Bailey © National Geographic Society
33 Quest Group Ltd.
34 Illustration von Jack McMaster/Margo Stahl, (rechts) Joseph H. Bailey © National Geographic Society
35 (links) Joseph H. Bailey © National Geographic Society, (oben rechts) Thomas Kleindinst/Woods Hole Oceanographic Institution, (unten rechts) Royal British Columbia Museum

5. Kapitel
36 Scala/Art Resource, New York
37 Gemälde von Wes Lowe
39 Gemälde von Wes Lowe
40 (links) Scala/Art Resource, New York, (rechts) Nimatallah/Art Resource, New York
41 Gemälde von Wes Lowe
42–43 Gemälde von Wes Lowe
44 Gemälde von Wes Lowe
45 Mit freundlicher Abdruckgenehmigung der Trustees of the British Museum
46–47 Gemälde von Ken Marschall

6. Kapitel
48 Joseph H. Bailey © National Geographic Society
49 Illustration von Jack McMaster/Margo Stahl, (unten) Sonia Halliday Photographs, Weston Turville
50 Joseph H. Bailey © National Geographic Society
51 (oben) Quest Group Ltd., (innen) Joseph H. Bailey © National Geographic Society, (unten) Illustration von Jack McMaster/Margo Stahl

7. Kapitel
52 Illustration von Jack McMaster/Margo Stahl
53 (oben links) Joseph H. Bailey © National Geographic Society, (oben und Mitte rechts) Quest Group Ltd., (unten rechts) Joseph H. Bailey © National Geographic Society
54 Joseph H. Bailey © National Geographic Society
55 (oben und Mitte links) Joseph H. Bailey © National Geographic Society, (oben rechts) Illustration von Jack McMaster/Margo Stahl, (unten) mit freundlicher Genehmigung von Anne Laidlaw
56 Illustration von Jack McMaster/Margo Stahl
57 Joseph H. Bailey © National Geographic Society
58 Joseph H. Bailey © National Geographic Society
59 Thomas Kleindinst und John Porteous/Woods Hole Oceanographic Institution

Epilog
61 (oben links) Joseph H. Bailey © National Geographic Society, (oben rechts) mit freundlicher Genehmigung von Dennis Piechota, (Mitte links und rechts) mit freundlicher Genehmigung der Amerikanischen Numismatic Society, (unten) Gemälde von Wes Lowe

Madison Press Books dankt den folgenden Personen für ihre Unterstützung und ihren Rat: Lionel Casson, Dennis Piechota, Betsey Robinson, Jennifer Blair (EDS Corporation), Cathy Offinger (JASON Foundation for Education), Bill Allen, Lisa Page, Peter Schnall und Chris Weber (National Geographic Society), Mary-Lou Florian (Royal British Columbia Museum), Jonathan Wickham, Roger Torda und Lorraine Glynn (Turner Broadcasting System Inc.), Andy Bowen, Bill Lange, Gretchen McManamin und Rose Petrecca (Woods Hole Oceanographic Institution).